华为创新三十年

解密华为成功基因丛书

华为
之 管理模式

王京生　陶一桃／主编

杨　柳／执行主编

王伟立／著

海天出版社

·深圳·

图书在版编目（CIP）数据

华为之管理模式 / 王伟立著. — 深圳 : 海天出版社, 2018.12

（华为创新三十年 : 解密华为成功基因丛书 / 王京生, 陶一桃主编）

ISBN 978-7-5507-2521-8

Ⅰ. ①华… Ⅱ. ①王… Ⅲ. ①通信企业—企业管理—管理模式—研究—深圳 Ⅳ. ①F632.765.3

中国版本图书馆CIP数据核字(2018)第244926号

华为之管理模式
HUAWEI ZHI GUANLI MOSHI

出 品 人　聂雄前
责任编辑　杨华妮　涂玉香
责任技编　陈洁霞
封面设计　元明·设计

出版发行　海天出版社
地　　址　深圳市彩田南路海天大厦（518033）
网　　址　www.htph.com.cn
订购电话　0755-83460239（邮购）0755-83460202（批发）
设计制作　蒙丹广告0755-82027867
印　　刷　深圳市希望印务有限公司
开　　本　787mm×1092mm　1/16
印　　张　17
字　　数　180千
版　　次　2018年12月第1版
印　　次　2018年12月第1次
定　　价　58.00元

华为是一种文化

历史的长河浩瀚、深远而又奇异，任何人都无法通晓所有的历史，我们能做到的只是抓住历史上那些标志性的事件、人物，给出一个解释和说法，这便是对历史的研究了。比如，当我们说到中国的改革开放的时候，必然会提到邓小平，必然会提到联产承包责任制，尤其必然会提到深圳。而在提到深圳时，必然会提到华为，因为华为是一种文化。

其实观察任何事物，无论是企业还是世界，文化都是最基础、最深厚、重要的。由于眼光和研究方向的不同，也有人更注意企业的产品市场占有率、人才和管理。但在我们看来，这一切不过是企业的外在表现而已。如果我们从文化视角去观察华为，也许更能看清楚，这朵根植于深圳而又影响世界的奇葩，是如何展现了这个民营企业的雄心壮志以及为此而付出的艰苦卓绝的努力。同时，我们还会看到它的"掌门人"及团队的格局、眼光和不同于一般企业家的智慧。

如果从头说起，华为的诞生充满了悲壮的色彩。1987年，任正非从部队退役后，用21000元人民币创办了一家规模很小的民营企业。当时，日本的NEC（日本电气股份有限公司）和富士通、美国的朗讯、加拿大的北电、瑞典的爱立信、德国的西门子、比利时的BTM（贝尔电话公司）和法国的阿尔卡特等洋品牌正在中国市场上耀武扬威。作为一个名不见经传的民族交换机品牌，华为置身于"八国联军"的包围中，要活下去尚且很艰难，又何谈三分天下占其一呢？

它的"掌门人"任正非偏偏不信邪，还放出豪言："十年后，世界通信行业三分天下，华为将占'一分'。"这是何等的自信与格局！正如西方经济学家约瑟夫·熊彼特在《经济发展理论》一书中所说："典型的企业家比起其他类型的人，是更加以自我为中心的，因为相比其他类型的人，他不那么依靠传统和社会关系，他的独特任务——从理论上讲以及从历史上讲——恰恰在于打破旧传统，创造新传统。"熊彼特认为，企业家精神一是存有建立自己的王国的梦想；二是存在征服的意志、战斗的冲动；三是存在创造的欢乐，为改革而改革，以冒险为乐事。这些论述冥冥之中讲的就是任正非。可以说，企业家精神就是企业的灵魂，与工匠精神、创新精神一起，构成企业文化的三大精神支柱。当然，光有精神是不够的，华为能够一路跋山涉水走到今天，也离不开它所建立起的包括人才、技术、财务、市场在内的一整套完善的制度管理体系。

和很多中国创业企业最后变成家族企业，结果一代企业家的老去让企业走向衰亡不一样，创造了华为奇迹的任正非并没有唯我独尊。今天的华为，在全球拥有18万多名员工。通过持股计划，任正非让员工持有华为股份，自己仅持1.4%的股份，其余90%多的股份都属于华为员工。谁说民营企业家胸怀有限？华为通过全员持股，让大家结成利益攸关的命运共同体，走的是共建、共治、共享之路，这是任正非的一个独创。其实，它的根本在于"得人心者得天下"。《孙子兵法》载"知之者胜，不知者不胜"的五个方面："一曰道，二曰天，三曰地，四曰将，五曰法。"又载"上下同欲者胜"。华为正是如此，有行于天下的大道，有一批精兵猛将，有凝心聚力的法度，得天时、地利、人和，上下同欲，何能不胜？

华为的成功是来之不易的。30年间，华为由弱到强的过程中充满了汗水、血泪、挣扎和拼搏，不仅有管理过程中的"市场部辞职风波""华为的冬天"等忧思，还有在海外拓展中面临专利诉讼等各种艰辛，在选择业务方向时也有人对华为进入智能手机市场表示质疑。不论来时的路多么艰险曲折，华为人始终坚持"以客户为中心""以奋斗者为本""长期坚持艰苦奋斗"的经营哲学和成长逻辑，一路走来，越走越自信，越走道路越开阔。经过30年的发展，逐渐形成的"华为精神"实际包含了任正非所倡导的以人为本、艰苦奋斗和自我批判等重要思想。

看似简单的道理，实践起来相当不易。当企业管理遇到瓶颈的时候，华为与世界一流管理咨询公司合作，在集成产品开发(IPD)、集成供应链(ISC)、人力资源管理、财务管理和质量控制等方面进行深刻变革。任正非提出著名的"先僵化，后优化，再固化"的管理改革理论。这一管理变革经过20多年的实践，取得了巨大成功。华为从民营小企业一跃登上全球最大的通信设备供应商的宝座，不仅因为它在技术上从模仿到跟进又到领先，更因为华为一直在不断探索管理模式的创新，建立了与国际接轨的管理模式。

我们可以看到很多这样的例子：不少非常优秀的企业曾处于巅峰，不料短短数年后，却出现断崖式崩溃。华为毫无疑问也经历过多次这样的危险时刻，它为什么可以不断从危险境地中走出来呢？任正非带领企业一步一步地由弱到强，带领华为进入"无人区"，走向更大的胜利，这是因为他深谙发展和灭亡的无限循环之道，并且不断地追问自己："华为的红旗到底能打多久？"企业，不是在危机中成熟，就是在危机中死亡。因此，任正非充满了危机意识，而他思考的结论是："世界上只有那些善于自我批判的公司才能存活下来。"他曾如此写道："20多年的奋斗实践，使我们领悟了自我批判对一个公司的发展有多么的重要。如果我们没有坚持这条原则，华为绝不会有今天……只有长期坚持自我批判的人，才有广阔的胸怀；只有长期坚持自我批判的公司，才有光明的未来。自我批判让我们走到了今天，我们还能向前走多远，取决于我们还能继续坚持自我批判多久。"

企业越强大，危机意识越强。这种强大的危机意识构成了华为企业文化的DNA。正因为如此，任正非在公司2018年第四季度工作会议上又一次敲响警钟："现在外界过分夸大了华为公司，也有可能是灾难，因为他们不知道我们今天承受的高度痛苦，我们实际到底行不行呢？……如果只是表面的繁荣带来我们内心的自豪，就会导致惰怠，我们绝对不允许惰怠……"面对纷繁复杂的现实，华为高层的头脑是清醒的。他们明白，这种忧患意识，不应只存在于任正非一个人的头脑中，而要成为整个团队的自觉意识。

所谓"物壮则老"，唯有深根固柢，才能枝繁叶茂。企业要保持蓬勃向上的活力，必须形成一种可持续发展的文化。我们看到，改革开放以来，很多企业在不同阶段各领风骚，短短40年已大浪淘沙了好几回，有的折戟沉沙，有的销声匿迹，有的步履维艰，有的跌宕起伏……华为能否跳出这个"魔咒"，取决于其下一步的努力。

有一段时间，有媒体炒作华为总部要迁至东莞。为此，任正非专门找到深圳市委主要领导，要求同深圳市政府签订华为总部30年不外迁的协议。市委主要领导大气地对他说，协议就不用签了，因为签了协议，如果心不在这里，迟早会走；不签协议，只要我们的服务和环境好，你们也不会走。在任正非的一再坚持下，最后双方还是签了协议。

这个细节，让我们看见了深圳的包容、大气和华为的笃定、忠诚。深圳的崛起和华为的成长是同步的，两者有着共同的基因和血脉。华为是深圳发展的缩影，它体现了深圳人敢闯敢试、杀出一条血路的英勇坚毅。它的成长也和这座城市一样，充满悲壮、欢乐、成功和欲望的交响。因为有了这些深圳人，才有了华为；因为有了以华为为代表的企业和卓越的市民，才有了深圳的辉煌和对未来的信心。

当前城市之间的竞争，已经从"拼经济""拼管理"进入"拼文化"的阶段，企业亦是如此。文化是驱动创新的根本力量，文化的土壤越丰沃，创新的大树越苗壮。美国学者丹尼尔·贝尔(Daniel Bell) 在《资本主义文化矛盾》一书中指出："文化已成为我们的文明中最具活力的成分，其能量超过了技术本身……上述文化冲动力已经获得合法地位。社会承认了想象的作用，而不再像过去那样把文化看作制定规范、肯定其道德与哲学传统并以此来衡量、(通常是) 非难新生事物的力量……我们如今的文化担负起前所未有的使命——它变成了一种合法合理的、对新事物永无休止的探索活动。"这最后一句话，是我们今天理解文化重要性的最深刻的一种表达。

诚然，只有根深，才能叶茂。这是世界的一个通行法则。人是文化的基本载体，最好的可持续发展是人的可持续发展。我们看到，今天的华为尤其注重基础教育、基础研究，秉持"用最优秀的人去培养更优秀的人"的理念，呼吁并致力大规模培育各类人才，为创新型国家建设和产业振兴发展点亮更多的火种。

翻开这套丛书，随处可以看到任正非原汁原味的讲话，这些话语闪耀着人文的光辉。我们可以看到，任正非身上富有远见、胆识过人、信念坚定和从容大度的领导特质。华为发展过程中的经典故事被娓娓道来，富有启迪意义，对于广大善于学习和积累的读者朋友来说，可以从中获得丰富的生活经验，吸取宝贵的人生智慧。

这套丛书不仅讲述了华为的成功是如何取得的，而且描述了华为充满辩证法和创新理念的企业文化，分析了华为人力资源管理的成功秘诀，介绍了华为国际化的战略选择及实现路径，因此这套丛书对于创业者和产业界人士来说是巨大的宝藏，可以从中受益。

当前，我国经济已由高速增长阶段转向高质量发展阶段，正处在转变发展方式、优化经济结构、转换增长动力的攻关期，建设现代化经济体系成为跨越关口的迫切要求和我国发展的战略目标。党的十九大报告指出，要深化供给侧结构性改革，激发和保护企业家精神，鼓励更多社会主体投身创新创业。眼下创新创业大潮在九州土地上风起云涌，无数有志之士正在商海搏击，他们同样怀着雄心壮志，试图用创新创业改变世界；他们也同样面临激烈的市场竞争、资产薄弱、人才匮乏等问题。华为由弱到强的发展历程势必将带给他们一些启迪，让这些弄潮儿了解创业者的使命以及企业成功与企业家内在修为之间的联系，并且培养如何获得自我反省的能力，由此激发出巨大能量，进而不屈不挠地奋斗。

华为是一种文化。中华民族最终自强于世界，最基础、最深沉的恐怕还是文化。而这种文化与中国古代文明既一脉相承，又推陈出新。它必须是一种创新型、智慧型、包容型、力量型的文化。所谓"创新型文化"，包括观念创新、制度创新、技术创新，等等。所谓"智慧型文化"，强调张扬人的理性，包括工具理性和价值理性。所谓"包容型文化"，强调开放、宽容、多样性和对话，具有海纳百川的气度和厚德载物的襟怀，是文化创造力的根本所在。所谓"力量型文化"，就是对真理"朝闻道，夕死可矣"；对事业"苟利国家生死以，岂因祸福避趋之"；对强敌"流血五步，血溅七尺""拼将十万头颅血，须把乾坤力挽回"。它与中国先秦文化中宝贵的"士"的精神一脉相承，是我们民族血性的灵魂。

"四型文化"作为一种崭新的文化，既是中华民族自立于世界之林的根基，又是大到一国，小到一人，包括城市和企业生生不息、自我完善的力量之源。而今天我们看到，这种文化正在华为生成和发展。创新型、智慧型、包容型自不待说，华为的力量型文化更是堪为民族企业的典范。华为若能持续不断地发展这种文化，必会走向更为强盛的未来。若这种文化式微，则再强大的企业或个人，亦将归于沉寂或失败。

华为30年磨一剑，只对准通信这个"城墙口"冲锋。这种执意与纯粹，不禁令人想起唐代诗人张籍。张籍为韩愈弟子，历任水部员外郎、国子司业等职，擅作乐府诗，世称"张水部"或"张司业"。今人耳熟能详的"还君明珠双泪垂，恨不相逢未嫁时"便出其手。冯贽的《云仙散录》记载，张籍执迷于杜甫诗，常将杜诗烧灰拌蜜而食。有友来访，见其如此，不解，问其故。张答，吃了杜诗即可改换肝肠，写出与他一样的好诗。宋代王安石读张籍诗集时曾拍案叫绝，赋诗赞之："苏州司业诗名老，乐府皆言妙入神。看似寻常最奇崛，成如容易却艰辛。"这首《题张司业诗》虽谈诗歌创作，但同样可以用在任正非和华为身上。他们的成功看似寻常，实则奇崛，背后不知凝结了多少艰辛的汗水和血泪，写下的是一部更为辉煌的史诗。

任正非是一位很可贵的商业思想家，我们的时代需要更多像他这样负责任有担当的风云人物，需要更多像华为这样具有创新活力和国际视野的高科技企业。本套丛书给我们提供了学习任正非思想和华为经验的宝贵窗口，希望这套书的出版能让更多读者获益，帮助他们实现自己的梦想。

王京生

2018年 11月

鱼为奔波始成龙

时逢中国改革开放40周年之际，在中国改革开放进程中拥有代表性地位的杰出民营企业和它的创始者，再一次在历史上留下厚重的印记，这无疑是一件具有社会价值与划时代意义的事情。这不仅仅是对一家企业成长历史和发展奇迹的描述，也是对一座城市神奇般崛起与灿烂辉煌的历程的记载，更是对一个伟大的变革时代的激情礼赞。

我们生活在一个需要企业家而又产生着企业家的时代，也生活在一个需要企业家精神而又产生着企业家精神的时代。可以说，在中国现代史上，没有哪一座城市能像深圳那样，为国家培育出那么多奋斗在改革开放最前沿的真正的第一代企业家。同样可以无愧地说，深圳是中国现代企业家的摇篮。正是与这座年轻的城市一同成长起来的企业家和企业家精神，才使得昔日的小渔村创造出了令世人瞩目的中国奇迹，华为就是其中极富代表性的一个。所以我认为，对华为的记载不仅有故事的讲述，还有故事所蕴含的对我们所生活的时代能够产生震撼的那种力量，能留给一个奋斗中的民族世代承继的那些情怀与精神。这就是能够创造(物质)财富的(精神)财富之企业家精神，能在不断创新中改变世界的来自企业家自身的无穷的魅力与力量。

对于改革开放的中国而言，是伟大的时代造就了企业家，而伟大的企业家又推动了时代的发展。彼得·德鲁克认为：企业家精神中最主要的是创新，创新是企业家精神的灵魂。同样，熊彼特关于企业家是从事"创造性破坏"（Creative Destruction）的创新者观点，凸显了企业家精神的实质和特征。但创新绝不是"天才的闪烁"，而是企业家艰苦工作的结果。创新精神的实质是"做不同的事，而不是将已经做过的事做得更好一些"。所以，这需要社会给予一视同仁的机会与包容宽松的制度–文化空间。而来自所有制的歧视，是最深重的歧视。这种歧视，会从根本上扼杀企业家的创新精神。因为，任何人面对无法改变的制度风险，都不会去创新。深圳正是为如华为这样的民营企业提供了生长壮大的制度–文化土壤，从而使占所有制结构90%以上的民营企业成为深圳经济发展的肥沃土壤与内在原动力。

完善市场经济体制，尊重市场规律为企业家和企业家精神创造了赖以生存的制度环境。因为，只有成熟的市场经济才能培养出真正的企业家，才能培育出真正的企业家精神。市场经济是原因，而不是结果。企业家既不是由行政机关提拔起来的，也不是如劳模一样被评选出来的，而是在市场中"锻造"出来的。

冒险可谓企业家的天性。其实，如果没有冒险精神，就不可能有任正非当初自称"纯属无奈"的下海；没有冒险精神，同样不可能有华为的所谓"狼性文化"和"虎口夺食"的一个个惊心动魄的故事。法国经济学家理查德·坎迪隆(Richard Cantillion) 和美国经济学家弗兰克·H·奈特 (Frank Hyneman Rnight)曾将企业家精神与风险(Risk) 或不确定 (Uncertainty)联系在一起。他们甚至认为，没有甘冒风险和承担风险的魄力，就不可能成为企业家。企业创新是有风险的，这种风险只能对冲不能交易。也就是说，这样做，要么成功，要么失败，没有第三条道路。

当然，在成熟的市场经济秩序下，企业家的冒险是与市场赌博，而不是与权力较量。市场越自由竞争，企业家越敢于冒险。因为，相对于权力干预，市场是可预期的。与权力较量，在大多数情况下只有一个结果，那就是输；与市场赌博则会有输有赢，其结果取决于个人智慧和判断，既便输也愿赌服输。同时，权力的参与还会引发寻租行为的发生，影响健康的市场经济文化的培育。没有过多权力干预的市场，才是真正健康的市场，而真正健康的市场，才能培育出真正的企业家和企业家精神。

中国40年改革开放的成功实践证明，法制健全的社会和敬畏法律的精神，是企业和企业家精神的生命力保障。合作是企业家精神的精华。尽管伟大的企业家看上去似乎是"一个人的表演"（One Man Show)，但成功企业家的身后一定会站着"惠己悦人"的合作伙伴。正如经济学家阿尔伯特·赫希曼（Albert Otto Hirschman）所言：

企业家在重大决策中实行集体行为而非个人行为。企业家既不可能也没有必要成为一个超人(Super-man)，但企业家应努力成为蜘蛛人(Spider-man)，要有非常强的"结网"的能力和意识。

法律是一种制度安排，它以告之后果的方式限制人与人交往时可能出现的投机主义行为和损害他人利益的行为，从而降低社会的交易成本和机会成本。所以，从这个意义上说，法制健全的社会才是低成本运作的社会。每一个成功的企业家，一定首先是法律的"奴隶"，然后才是一个拥有选择权利的自由的人。

依法治国的关键不仅仅在于政府依法管理社会，更在于政府本身受法律约束。只有一视同仁，社会才会有公平，企业家精神才能真正富有生命力。

正因为如此，政府放权，给企业家选择的自由，已成为一种不可或缺的制度–文化环境支撑。它可以使企业家精神真正成为一种文化，真正成为改造社会的物质力量。在政府与市场的关系上，还应该是罗马归罗马，恺撒归恺撒。给企业和企业家在市场规则中自由"跳舞"的空间，就是给社会创造奇迹的机会。当然，一个富有改变精神的政府，又是实现这一切的根本保障。

德国著名政治经济学家和社会学家马克斯·韦伯(Max Weber)在《新教伦理与资本主义精神》中说：货币只是成功的标志之一，对事业的忠诚和责任，才是企业家的"顶峰体验"和不竭动力。诺贝尔经济学奖得主米尔顿·弗里德曼(Milton Friedman)更是明确指出：企业家只有一个责任，就是在符合游戏规则下，运用生产资源从事产生利润的活动。亦即须从事公开和自由的竞争，不能有欺瞒和诈欺。"

强大的国家与发达的市场是我们期望的，但它的前提是政府具有远见卓识。以华为为代表的一大批民营企业的成功与辉煌证实了这一点，中国改革开放的成功和中国奇迹的创造更加证明了这一点。华为不仅让我们看到改革开放的成就，更看到了中国制造的力量，可谓"红了樱桃，绿了芭蕉"。

我们的社会不会因为没有奇迹而枯萎，但会因为丧失创造奇迹的精神而失去生命。

陶一桃

2018年11月7日于南洋理工大学

前言

向华为学习什么

企业的命运都会随着时代潮流的变化而跌宕起伏，但华为似乎可以算是一个例外。在每一个浪尖谷底，它总是坦然走着自己的路，并最终开辟出一条通往世界的全球化之路。

华为作为中国最成功的民营企业之一，其营业额已经步入世界 500 强的门槛，成为真正意义上的世界级企业。华为2017年实现全球销售收入6036亿元人民币（同比增长15.7%），净利润475亿元人民币（同比增长28.1%），稳居全球第一大电信设备商之位，成为最受瞩目的行业领导者。

"10 年之后，世界通信行业三分天下，华为将占'一分'。"华为创始人任正非当年的豪言犹在耳边。如今，华为这一梦想已然实现。任正非凭借着自己出色的经营思想和卓越的管理才能创建了华为，带领华为不断地发展壮大，从中国走向世界，使华为在世界上产生了巨大的影响并最终改写了全球电信业的"生存规则"。

《时代周刊》多年前曾如此评价任正非："年过六旬的任正非显示出惊人的企业家才能。他在1987年创办了华为公司，这家公司已重复当年思科、爱立信卓著的全球化大公司的历程，如今这些电信巨头已把华为视为'最危险'的竞争对手。"

改革开放之初，深圳对改革开放的贡献不仅仅是"破"，更重要的是"立"。华为是深圳建立现代企业制度的先锋，是中国企业开展国际化战略和走向跨国公司之路的先行者，是最早迈入知识密集型发展道路的中国公司。华为是中国企业实现国际化的一面旗帜，它所走过的路正在被众多中国企业追随。华为的价值，在于它探索出了一条在中国发展与管理高科技企业的道路，包括如何建设企业的治理结构、价值观体系、研发管理体系、人力资源管理体系、财务管控体系等；华为的价值，在于它成功地探索出在中国管理与运营国际化大企业的方法，探索出具有中国特色，又与国际接轨的经营模式和内在机制，创造性地解决了国际先进企业管理模式如何在中国落地的难题，实现国外先进管理体系的中国化；华为的价值，还在于它对技术创新长期重视，持续巨资投入，在全球化拓展中坚持"开放但不结盟"的原则，形成了强大的技术实力和独特的商业运营模式，成为一家享誉全球的创新标杆企业。

华为就在我们身边，鲜活而真实。对于这个触手可及的商业案例，我们如果加以深入分析和研究，挖掘它的成长逻辑、管理哲学，认真总结，彰显其示范作用，必定具有非常重大的现实意义。本套丛书分为《华为之管理模式》《华为之人力资源管理》《华为之企业文化》《华为之国际化战略》《华为之研发模式》5本，系统介绍了华为不同方面的宝贵经验，以便广大读者和企业经营者深入地了解华为的管理哲学和经营智慧。

成功经验之一：管理模式

华为之所以成为中国民营企业的标杆，不仅因为它在技术上从模仿到跟进又到领先，更因为它与国际接轨的管理模式。华为的管理，始终存在中西方管理理念的碰撞和结合。从流程和财务制度这些最容易标准化、不需质疑的"硬件"开始，华为从制度管理到运营管理逐步推动"软件"的国际化。

诞生于 1995 年的《华为之歌》道："学习美国的先进技术，吸取日本的优良管理，像德国人那样一丝不苟，踏踏实实，兢兢业业。"华为最终决定向美国企业学习管理。

华为同 IBM（国际商业机器公司）、Hay Group（合益集团）、PwC（普华永道国际会计事务所）和 FhG（德国弗劳恩霍夫应用研究促进协会）等世界一流管理咨询公司合作，在集成产品开发（IPD）、集成供应链建设（ISC）、人力资源管理、财务管理和质量控制等方面进行深刻变革，引进业界最佳的实践方式，建立了基于 IT 的管理体系。任正非表示："在管理上，我不是一个激进主义者，而是一个改良主义者，主张不断地进步。""我们要的是变革而不是革命，我们的变革是退一步进两步。"

"先僵化，后优化，再固化"，这是任正非提出的一个著名的管理改革理论。

华为的管理优化进行得如火如荼的关键是其领袖任正非对管理的重视。在任正非心里，只要有利于实现"成为世界级领先企业"的梦想，一切改变和改革都是必要的。任正非强势地推动了这一切。"……这些管理的方法论是看似无生命实则有生命的东西。它的无生命体现在管理者会离开，会死亡，而管理体系会代代相传；

它的有生命则在于随着我们一代一代奋斗者生命的终结,管理体系会一代一代越来越成熟,因为每一代管理者都在给我们的体系添砖加瓦。"

军人出身的任正非很喜欢读《毛泽东选集》。一有工夫,他就琢磨怎样使毛泽东的兵法转化成华为的战略。仔细研究华为的发展历程,我们不难发现其市场攻略、客户政策、竞争策略以及内部管理与运作方式,无不深深打上传统谋略智慧和"毛式"哲学思想的烙印。其内部讲话和宣传资料,频频出现战争术语,极富煽动性。

在敌强我弱、敌众我寡的形势下,任正非创造了华为著名的"压强原则"。"我们坚持'压强原则',在成功关键因素和选定的战略生长点上,以超过主要竞争对手的强度配置资源。我们要么不做,要做,就极大地集中人力、物力和财力,实现重点突破。"任正非信奉"将所有的鸡蛋都放在同一个篮子里"的原则,无论是在业务选择、研发投入还是在国际化的道路上,这种专业化战略的坚持,至今仍让诸多企业家折服。正是华为的远大目标和华为全体人员不断坚持,使得华为走到了今天。

任正非曾说:"面对不确定的未来,我们在管理上不是要超越,而是要补课,补上科学管理这一课。"组织管理、人力资源管理、市场管理、变革管理、资本管理、危机管理等,无一不彰显出华为独特的管理智慧。任正非希望华为能回到一些最本质的问题上来,重新思考管理对于企业的重要作用。企业管理的目标是流程化组织建设,探索建设科学的流程体系,以规则的确定应对结果的不确定。《华为之管理模式》一书编写的目的,是通过对华为的管理理念及其实践的研究,总结出一些建立有效的管理机制和制度的经验。

成功经验之二:人力资源管理

日本著名企业家稻盛和夫曾经说过:"企业员工的主动性和积极性才是企业发展的原动力。"当企业人力资源管理制度、企业文化立足于杰出的经营理念,必然得到员工发自内心的认同,并主动采取行动,积极推动企业的发展。而这种企业员工的主动性和积极性才是企业最宝贵的财富和发展的动力源泉,并且只有不断地激发员工的主动性和积极性,企业才能跨越时代,永远保持兴旺。任正非对此持有相同的观点:"华为唯一可以依存的是人,认真负责和管理有效的员工是华为最大的财富。员工在企业成长圈中处于重要的主动位置。"

任正非在华为人力资源管理中坚持"人力资本的增值一定要大于财务资本的增

值""对人的能力进行管理的能力才是企业的核心竞争力"。要拥有人才就要有适合人才发展的机制，华为之所以能成为中国顶尖企业，就是因为有一套独特的人力资源管理机制。

价值创造、价值评价和价值分配构成了现代人力资源管理体系的主体，企业人力资源管理体系应该围绕这三方面构成的"价值链"来构建。也就是说，全力创造价值、科学评价价值、合理分配价值以及三者的闭合循环，是现代企业人力资源管理体系建设的核心和重点。华为的人力资源管理机制其实是打造了一个价值创造、价值评价和价值分配的价值链条，并且使之形成了良性循环，让整个人力资源体系为企业发展贡献出无穷的智慧和能量。

华为每次在人力资源上的调整都会在业界引起轩然大波，其真实目的在于："不断地向员工的太平意识宣战。""人力资源改革，受益最大的是那些有奋斗精神、勇于承担责任、冲锋在前并做出贡献的员工；受鞭策的是那些安于现状、不思进取、躺在功劳簿上睡大觉的员工。"

华为不仅建立了在自由雇佣制基础上的人力资源管理体制，而且引入人才竞争和选择机制，在内部建立劳动力市场，促进内部人才的合理流动。在人才流动上，华为强调中、高级干部强制轮换，以培养和提高他们能担当重任的综合素质；支持基层员工自然流动，让他们爱一行干一行，在岗位上做实，成为某一方面的管理或技术专家。

《华为之人力资源管理》系统地讲述了华为人力资源管理的价值创造体系、价值评价体系、价值分配体系、激活组织等内容。该书的一个重要特点在于理论和实践的结合，特别是与我国人力资源管理实践的结合。该书关注人力资源管理方法在真实的组织环境和情境下的运用，对现状和管理导向的思考始终贯穿全书。该书中还提供了丰富的华为人力资源管理案例，是理论与实践相结合的佳作，具有很强的可读性。

成功经验之三：企业文化

"世界第一 CEO(首席执行官)"杰克·韦尔奇说过："如果你想让列车速度再快10公里，只需要加一加马力；而要使列车速度增加一倍，你就必须更换铁轨了。资产重组可以一时提高公司的生产力，但是如果没有文化上的改变，就无法维持高速的发展。"支撑企业高速发展的"铁轨"，就是企业文化。

美国著名管理专家托马斯•彼得斯和小罗伯特•沃特曼研究了美国43家优秀公司的成功因素，发现成功的背后总有各自的管理风格，而决定这些管理风格的是各自的企业文化。

任正非在《致新员工书》中写道："华为的企业文化是建立在国家优良传统文化基础上的企业文化，这个企业文化黏合全体员工团结合作，走群体奋斗的道路。有了这个平台，你的聪明才智方能很好地发挥，并有所成就。没有责任心，不善于合作，不能群体奋斗的人，等于丧失了在华为进步的机会。华为非常厌恶的是个人英雄主义，主张的是团队作战，胜则举杯相庆，败则拼死相救。"

企业文化是企业的软实力，是一支队伍战斗力的源泉。好的企业文化对外让四方各界对企业心向往之，倾心接纳；对内则是一种最好的凝聚力，会让团队发自内心地热爱事业，奋勇前行。一家没有文化的企业是走不长远的，企业文化不好同样走不长远。

华为之所以能成为中国民营企业的标杆，不仅因为它用30年时间成为中国最大的民营高科技企业，也不仅因为它在技术上从模仿到跟进又到领先，更因为华为独特的企业文化。它的企业文化核心是华为的愿景、使命和核心价值观，定义了华为的方向以及是非标准，即华为为什么存在，华为向何处去，什么是对的，什么是错的。对这些的认同是企业员工得以凝聚在一起面对各种艰难险阻的基础。

华为文化是中华文化与世界文化融合并以企业组织形态进入世界的典型代表。华为主动接轨、融合、拓展并创造新企业文化，是华为企业文化的典型特征。华为文化变革历程表明，力量型文化、创新型文化是华为初期企业发展的文化特征，而创新型、智慧型、包容型、力量型"四型"文化的构建，才是华为企业可持续发展的关键所在。

任正非曾说："世界上一切资源都可能枯竭，只有一种资源可以生生不息，那就是文化。"任正非强调的文化，不仅仅是华为的企业文化，不仅仅是每天所需执行的流程和制度，更是文化本身，积极将文化渗入华为人的修养中去。

华为的企业文化载体中一个非常具有辨识度的东西是《华为公司基本法》，这个基本法的意义在于，将高层的思维真正转化为大家能够看得见、摸得着的东西，使彼此之间能够达成共识，这是一个权力智慧化的过程。任正非表示："避免陷入经验主义，这是我们制定《华为公司基本法》的基本立场。""成为世界级领先企业"被写入《华为公司基本法》第一章第一条，它是华为的终极目标与理想。

难能可贵的是，华为在不同的阶段，不断地变革企业文化，然而在30年时间里，华为从小到大，始终坚持了两点：一点是核心价值观，即以客户为中心，以奋斗者为本，长期坚持艰苦奋斗；另外一点是自我批判——从初创时的几十个人发展到今天的企业规模，华为的自我批判工作从来没有间断过。

企业文化建设的最高境界是让文化理念融在思想里，沉淀在流程中，落实到岗位上，体现在行动中。要达到这一境界，离不开企业文化的有效传递。华为在这方面做出了卓有成效的探索。华为的企业文化传递通过制度建设得到很好的保障，华为的制度为企业文化提供有力的支撑，能够使之成为具有深远影响力和顽强生命力的文化，并对组织绩效产生很大的影响，使华为成长为一家赢得广泛赞誉的世界级企业。

《华为之企业文化》从实践出发，系统总结了华为企业文化的形成及其变革、企业文化制度的建立、企业文化落地和传播方法等。该书不仅适合需要了解企业文化的管理者，也适合对华为文化有兴趣的读者阅读。

成功经验之四：国际化战略

任正非判断国际化是华为渡过"冬天"的唯一出路。20世纪90年代中期，在与中国人民大学的教授一起规划《华为公司基本法》时，任正非就明确提出，要把华为做成一家国际化的公司。与此同时，华为的国际化行动就跌跌撞撞地开始了。

1998年，英国《经济学人》杂志载：华为这样的中国公司的崛起，将是外国跨国公司的灾难。这话也许并不是危言耸听。在思科与华为的知识产权纠纷案之后，思科董事会前主席兼首席执行官约翰·钱伯斯表示："华为是一家值得尊重的企业。"美国花旗银行高级顾问罗伯特·劳伦斯·库恩博士曾称，华为已经具备"世界级企业"的资质，它的崛起"震惊了原来的大佬们——北电、诺基亚、阿尔卡特-朗讯"。

在任正非的领导下，华为成功地完成了由"活下去"到"走出去"，再到"走上去"的惊险一跃，依靠独特的国际化战略，改变行业竞争格局，让竞争对手由"忽视"华为，到"平视"华为，再到"重视"华为。

在和跨国公司产生不可避免的对抗性竞争的时候，华为屡屡获胜，为中国赢得骄傲。然而，这份骄傲来得并不是那么容易。在最初的国际化过程中，华为是屡战屡败，屡败屡战。最终，华为采用了巧妙的"农村包围城市"的办法，取得了国际化的初步胜利。即使在今天，亚非拉等一些不发达的国家和地区，依然为华为创造着很大的利润。为何华为会选择"农村包围城市"的战略呢？从技术水平看，创业不久的华为还难以与国际一流企业在发达国家市场竞争；从政治关系看，南南合作成本低于南北合作；从企业战略看，华为产品和模式的直接推广有利于资本积累，符合华为"生存是底线"的思想。

中国企业与跨国公司的距离有多远？企业"走出去"的道路有多长？华为公司的实践说明：只要不等不靠，坚定地走出去，看似遥不可及的目标可能就在眼前。《华为之国际化战略》通过丰富翔实的案例，揭示了华为国际化的指导方针、实现路径和战略突破，重点阐述华为的价格战略、"开放但不结盟"等经验，这些经验可以给更多优秀的中国企业走向海外市场提供有益的借鉴。

成功经验之五：研发与创新

华为推崇创新。30多年来，在任正非的领导下，华为对技术创新孜孜以求。华为对创新也形成了自己的观点：不创新是华为最大的风险。

如今华为在国际上的地位，来源于其多年来在研发上的巨额投入。在别人觉得搞技术是赔钱买卖的时候，任正非却每年将华为收入的10%以上投入研发中。2017年，华为持续投入未来的研发费用达897亿元人民币，同比增长17.4%，而近10年投入的研发费用则超过3940亿元人民币。任正非认为，正是这样一种创新精神和对技术的追求，使得华为成就了一系列的第一。

从一家早期以低价格竞争取胜的企业，几年之间迅速转变成技术型企业，30年后成为世界通信行业的领头羊，华为所用时间之短，让人为之咋舌。

《华为之研发模式》一书剖析了华为成立30多年来保持活力的秘诀，那就是始终坚持创新。正所谓"创新无止境"，即使华为今天已经居世界通信行业的前列，任正非仍然感到"前途茫茫"，因为华为进入"无人区"之后需要考虑方向，需要进行更重大的创新以开辟新的市场。2016年5月，任正非在全国科技创新大会上说"感到前途茫茫，找不到方向"，这是对华为肩头所担负的使命以及对中国企业从事重大创新的一种深刻的忧思，或者说是一种迫切的呼唤。长期以来，中国企业跟随在西方领跑者之后已经成为一种习惯，在不断追赶中的巨大压力下成长起来；如今，华为已经成为行业的领跑者，必然要承担起更大的责任，必须要取得重大的理论突破，才能实现科技发展上的质的飞跃。

2017年年底，华为重新确立了公司的愿景和使命：把数字世界带给每个人，每个家庭，每个组织，构建万物互联的智能世界。这是华为的愿景，是华为对未来发展勾勒出的一幅愿景图。

《第五项修炼》一书指出，在人的自我超越中，会有两种张力发生作用，一种是创造性张力，一种是情绪张力。愿景是具象化的目标，它能让人产生创造性张力。人的愿景越大，所产生的创造性张力就越大。愿力无穷，潜力无限。面向未来，基于确定的愿景和使命，华为的战略是聚焦 ICT（Information and Communications Technology，信息和通信技术）基础设施和智能终端，做智能社会的开拓者。这是一个美好的、宏大的愿景，代表着中国式创新典范企业的腾飞梦想。

让我们祝福华为，向华为致敬！

说明：本套书中所有数据统计截止时间为 2018 年 6 月 30 日。

目录

第七章　危机管理智慧：危机感延续了华为的生命

第八章　资本管理智慧：财务管理转型支撑全球业务

第九章　启示录

第一章

华为管理的三个阶段

华为成立于 1987 年，从事通信行业，赶上了天时：通信产业正处于开始替代 PC（个人电脑）产业、成为全球经济新的龙头产业的阶段；赶上了地利：当时中国通信市场正处于高速发展时期，不过，当时占据中国市场的大多是实力异常强大的朗讯、爱立信、西门子等国际巨头。那么，华为的创始人任正非，是如何领导这么一家名不见经传的民营企业，打败这些耀武扬威的国际巨头，占领中国市场的呢？在华为的成长历史中，任正非用了哪些主要的管理方法来管理华为？这些管理方法有哪些好处？又遇到了哪些问题？我们先从华为管理的三个阶段说起。

第一节 草创阶段：1988 ～ 1995 年

在这个阶段，任正非带领华为以弱胜强，打败了跨国企业，占领了中国市场，让华为发展为一家年销售额 14 亿元人民币、员工800 多人的中型企业。

华为在起步时，只是一家普普通通的贸易公司，"十几个人、七八条枪"，既无产品，又无资本，硬是在外企、国企的铜墙铁壁合围下杀出了一条血路。

20 世纪 80 年代末，华为还是一家倒买倒卖交换机设备的"二道贩子"，从香港鸿年公司和珠海一家公司买来交换机，再卖给国内县级邮电局和乡镇企业、矿山等。当时，中国有数百家这样的"皮包公司"，这些公司有极高的毛利，过着舒服的"先富起来的少数人"的日子。然而，就在与任正非同时代做"皮包公司"起家的一批早期个体户们过上"炫富"的生活之时，华为却于 1991 年投入全部资金和人力，开始研发新型用户程控交换机。这意味着华为选择了一条充满风险的自主研发道路前行，这曾被柳传志比喻为"从喜马拉雅山的北坡登山"。

20 世纪 80 年代的中国，百废待兴，经济建设呈现一片欣欣向荣的景象，但电力、交通、通信等基础设施的建设远远滞后于经济发展的节拍，尤其是通信业，1978 年我国的局用电话交换机总用量只有 405 万门，电话用户不到 200 万户，电话普及率仅为 0.38%，世界排名在 120 名之后，甚至低于非洲的平均水平。大规模、快节奏地推进国内通信设施的建设，成为当时一项最为紧迫的战略。

那时的中国通信产业领域一片空白，没有一家稍微像样的电信设备企业。于是，国家采取"以市场换技术"的策略，在通信领域率先开放，推动我国通信设施的建设步伐，实现与世界信息技术发展潮流的对接。然而，开放必然带来阵痛，20 世纪 80 年代，全国上下，从农话到国家骨干电话网采用的都是国外进口的设备。行业内流传着"七国八制"的说法，就是说当时的中国通信市场上总共有

8种制式的机型，分别来自7个国家：日本的NEC（日本电气股份有限公司）和富士通、美国的朗讯、加拿大的北电、瑞典的爱立信、德国的西门子、比利时的贝尔电话公司和法国的阿尔卡特。

因此，所有的国内电信设备厂商一"出生"，就置身于"八国联军"的包围中。而且这些初创民营企业均面临资金、技术、人才匮乏的种种困扰，在中国人自己的家门口，刚刚出生不久的牛犊们，就要面对与西方大象们的血腥竞争。难怪华为原董事长孙亚芳曾慨叹：活下去真难啊！

这一阶段，对于华为来说，活下去是头等重要的任务，因为活下去才有未来。在这一阶段，任正非管理华为的主要模式是所谓"三高"：高效率、高压力、高工资。其中，高工资是推动高效率、高压力的核心动力。"狼文化"一直存在于华为早期创业阶段，只是当时尚未被提炼出来。在华为内部，任正非对"狼文化"第一次系统阐述，是在20世纪90年代初期，他与美国某著名咨询公司女高管的一次会谈。

"那天，整个会谈过程，他们都在谈动物。任总说跨国公司是大象，华为是老鼠。华为打不过大象，但要有狼的精神，要有敏锐的嗅觉、强烈的竞争意识、团队合作和牺牲精神。"《华为公司基本法》的起草者之一吴春波教授回忆道。

然而，这种管理模式带来的后果是华为的人员开支成本、管理成本一直居高不下。更危险的是，一旦市场环境恶化，例如通信产业发展减速，或者华为的扩张速度减速或停滞，华为将无法支撑依靠高工资凝聚员工的模式，从而导致效率低下，管理问题丛生。

第二节 基本法阶段：1995 ～ 1998 年

《华为公司基本法》从 1995 年开始筹备，到成稿，用时 3 年。而这 3 年，华为经历了从 1995 年的 800 多人到 1998 年近 20000 人的高速发展过程。

随着华为的扩张，人员规模的扩大，华为面临的组织管理问题越来越多，也越来越复杂，光靠"狼文化"这样简单的概念已经无法解决华为面临的问题，更不能带领华为继续扩大。比如，华为的快速扩张，导致成熟的管理干部稀缺。原来，办事处人手少，办事处主任从机器组装、销售、检测到维护，什么都要干，扮演的是一个工程师的角色。现在，人员扩张很快，办事处主任必须领导大批手下人做事，扮演的是一个领导者的角色。"狼文化"仅仅提出一个群体奋斗的意识，显然不能告诉办事处主任如何才能带好这支狼队伍，也就是如何才能当好一匹头狼。再比如，华为扩大后，上下级之间的冲突、部门之间的冲突、员工之间的冲突越来越多。如何协调二者之间的矛盾，如何统一他们的认识，拿现在的流行术语来说，就是如何在华为建立起自己的企业文化，包括愿景、使命、价值观等，显然成了"狼文化"解决不了的问题。

以上原因推动了《华为公司基本法》的出台。《华为公司基本法》是中国人民大学几位教授以西方的企业管理理论为框架，根据任正非的想法，用统一的语言集中做的一次梳理，在传承原有企业文化的基础上对行为准则具体化。华为是中国第一个完整系统地对其价值观做总结的企业。

　　《华为公司基本法》曾经风靡全国，很多企业家都争相学习。其实，《华为公司基本法》的作用被媒体渲染夸大了，连任正非都承认《华为公司基本法》没起到很大的作用。

　　"但从制定《华为公司基本法》的过程中，华为学到的甚至比《华为公司基本法》本身更多，因为它实际上是一个任正非与华为中高层充分沟通并达成共识的过程。而这个共识确保了它的现实性和可执行性。"《华为公司基本法》起草者之一彭剑锋教授如是评价。

　　《华为公司基本法》的意义在于，将高层的思维真正转化为大家能够看得见、摸得着的东西，使彼此能够达成共识，其制定过程本身就是企业文化的培育和认同的过程。

　　值得肯定的是，《华为公司基本法》作为企业管理大法，有开创性的历史价值与意义。它在中国企业发展史上的作用是不可否认的，华为在这方面给很多企业树立了榜样，对中国其他企业的系统思考有绝对的示范价值。

　　1998年3月，任正非在其题为《要从必然王国，走向自由王国》的演讲中道出了他起草《华为公司基本法》的核心目的：

　　　　华为经历了10年的发展，有什么东西可以继续保留？有
　　什么东西必须扬弃？我们又能从业界吸收什么？如何批判地
　　继承传统？又如何在创新的同时，承前启后，继往开来？继
　　承与发展，是我们第二次创业的主要问题。

　　　　华为走过的10年是曲折崎岖的10年，教训多于经验，
　　在失败中探寻到前进的微光，不屈不挠地、艰难困苦地走过

了第一次创业的历史阶段。这些宝贵的失败教训与不可以完全放大的经验，都是第二次创业的宝贵的精神食粮。当我们第二次创业，走向规模化经营时，面对的是国际强手，他们又有许多十分宝贵的经营思想与理论，可以供我们参考。如何将我们10年宝贵而痛苦的积累与探索，在吸收业界最佳的思想与方法后，再提升一步，成为指导我们前进的理论，以避免陷入经验主义，这是我们制定《华为公司基本法》的基本立场。两年来，几千名员工与各界朋友做了许多努力，在人大（中国人民大学，简称"人大"）专家的帮助下，《华为公司基本法》八易其稿，最终在1998年3月23日获得通过，并开始实行。当然，在实行中，它还会不断地被优化，以引导华为正确地发展。

第三节　管理西化及全球化运营阶段：1998年至现在

《华为公司基本法》的出台，对中国企业界产生了不小的影响。很多国内企业对《华为公司基本法》特别推崇，一些人希望能在自己的公司里制定出一套类似的"法律"，以此来建设本公司的企业文化。

在外界对《华为公司基本法》的赞扬之声不绝于耳时，任正非却已经清醒地意识到它的不足之处。这个认知，其实与华为1996年开始的全球化征程有关。

全球化征程

1994 年 11 月，华为的万门交换机在首届中国国际电信设备展览会上获得极大成功。而此时，任正非的全球视野更加开阔，国际化的战略目标更加清晰和条理化。1995 年是华为公司发展史上具有战略转折意义的一年，这一年也是华为国际化道路上的一个分水岭。

1995 年 12 月，任正非做了一个演讲，系统地勾勒了华为未来国际化的宏伟蓝图，并指出了国际化对于公司发展的迫切性。任正非用了一个在业界享誉很久的比喻，那就是："山羊为了不被狮子吃掉，必须跑得比狮子快；狮子为了不饿肚子，必须比山羊跑得快。"他指出："我们只有坚定不移地向国际著名公司看齐，努力实现全面接轨，否则随时都有破产的危险。"

任正非提出，华为在"未来 3 ~ 5 年的主要任务是与国际接轨。在 20 世纪末，我们要达到一个国际中型公司的规模和水平""华为要在产品战略研究系统上、在市场营销上、在生产工艺装备及管理上，乃至在整个公司的企业文化及经营管理上，全面与国际接轨"。

任正非常说："亚洲企业的国际化本来就难，我国在封闭几十年后，短短 20 年的发展，还不足以支撑国际化。"

1997 年年底，任正非先后访问了美国休斯公司、IBM 公司、贝尔实验室和惠普公司。在与国际一流跨国公司接触的过程中，任正非意识到，《华为公司基本法》那种独特的语言模式，并不能跟全球化的大公司形成很好的对话。由此，任正非意识到《华为公司基本法》没法在流程中体现的、没做出评价和进行奖励的价值尺度，注定是短命和软弱的。其起草者之一吴春波教授后来说了这样一句话："当时'基本法'的局限性很明显。关于企业的核心价值观、流程和客户方面的问题提得都很少。"而另一位起草者彭剑锋则表示："《华为公司基本法》对华为成长和发展的实际效果，可能远没有它给华为创造的品牌效应和对中国其他企业带来的启迪价值大。"

人员规模、销售额更加庞大

与此同时，华为的人员规模和销售额日益增长。一方面，正如任正非所意识到的，"由于华为短暂的成功，员工暂时的待遇比较高，就滋生了许多明哲保身的干部。他们事事请示，僵化教条地执行领导的讲话，生怕丢了自己的'乌纱帽'"。另一方面，华为开始大规模进军海外市场，试图成为一家国际化公司，所以任正非急于找到能够帮助华为提升管理能力、培养管理人才的办法。

管理出现问题

虽然以国内标准衡量，华为是相当成功的公司，但因为管理系统的薄弱，华为的管理水平与国际同行的差距还相当大。华为每年把销售收入的10%投入研发，但研发的效益仅仅是IBM的1/6；在供应链方面，华为的订单及时交货率只有50%，而国际领先公司为94%；华为的库存周转率为3.6次/年，但国际领先公司为9.4次/年；华为的订单履行周期长达20～25天，国际领先公司为10天；从人均销售额看，华为的100万元人民币与国际领先公司的50万美元相比，同样相差悬殊。

在寻求中国的管理咨询顾问帮助失败后，任正非把目光投向了海外。

1996 年，华为把目光投向国际公司管理体系。不久，一家具有美国背景的管理咨询公司——合益集团（Hay Group）的任职资格评价体系第一个进驻华为。1998 年，中国第一部公司管理基本法——《华为公司基本法》定稿问世。同年，华为成为劳动保障部与英国合作的"任职资格标准体系"两个试点企业之一。

在创业阶段，华为避开了与跨国公司的正面竞争，在后者不愿涉足的"农村市场"中站稳了脚跟。但是，与世界一流公司相比，华为的管理水平和员工的职业化素养都存在着明显的差距，"农民 + 手工作坊"的创业发展模式，已经成了制约企业持续发展的最大障碍。

穿上 IBM 的鞋，走国际化管理道路

1998 年，恰好是华为成立的第 11 个年头。华为的交换机、接入网、智能网、光网络等产品的开发和市场应用都已经取得重大的突破，公司的销售额达到了 89 亿元人民币，已经到了必须在国内外主流市场与国际一流电信设备制造商一争高下的时候。此时，任正非提出了"管理与国际接轨"的口号，启动了业务流程的变革。

1997 年年底，任正非访问了美国休斯公司、IBM 公司、贝尔实验室和惠普公司。其间，在对 IBM 的产品开发模式、供应链管理模型等做了比较全面的了解后，他决定向 IBM 学习。IBM 从 80 多年历史中积累的经验与教训，特别是在 20 世纪 90 年代"死而复生"的

经历，是非常值得华为这样一家年轻企业学习和借鉴的。

1998 年，华为与 IBM 公司合作启动了"IT S&P"（IT Strategy& Plan，IT 战略与规划）项目。华为希望"穿上 IBM 的鞋"，迅速走上国际化管理的道路。

回顾华为对管理体系全面西化和提升的过程，是从研发、供应链等后端业务流程入手，逐渐加入人力资源管理等辅助单元，伴随着企业成长和外部市场环境变化，最终在组织结构与涉及市场营销等前端业务的流程上进行国际接轨。这种独特的与国际接轨的管理方式主要是因为公司本身的发展阶段和中国特殊的市场环境，导致华为很难全盘照搬西方的管理模式。毕竟华为的管理和组织结构还处于巨大的变动期，华为能不能在很好地解决了"事关生死"的后端管理问题之后，再决定发展速度和在前端取得突破，没有人知道答案。

华为曾经聘请 IBM 的专家给公司各个部门做管理评分（TPM）。以满分 5 分计，华为 2003 年的平均分只有 1.8 分，2004 年上半年才达到 2.3 分，而 2004 年的目标是 2.7 分。按照 IBM 专家的意见，一家真正管理高效、规范的跨国公司，其 TPM 分值应达到 3.5 分。另外，根据 IBM 专家的评测，华为人均工作效率只有国际一流公司的1/2.5。华为常务副总裁徐直军直言不讳："我们还不是一家真正的跨国公司，更谈不上世界级企业。我们在各方面都与他们相差很远，尤其是在管理上。"

至 2014 年，华为 IPD（Integrated Product Development，集成产品开发）变革开展了 15 年，TPM 近几年却一直徘徊在 3.3 分而无法提升。

即便如此，华为也在西方顾问的帮助下，建立起了包括选、用、留、育、管在内的，完整的人力资源管理体系。在推动华为成为全球领先公司的过程中，人力资源管理功不可没。通过持续渐进的管理变革，华为建立了一个"以客户为中心、以生存为底线"的管理体系，研发、销售、供应、交付和财经等各个领域内部的能力和运营效率有了很大提升。

同时，华为人也清醒地看到，华为各大流程之间的结合部依然是今天管理变革面对的硬骨头。管理变革出现了"流程功能化、变革部门化"的突出问题，使效率的进一步提升受到制约。

华为轮值 CEO 郭平表示："华为已经确定下一步管理变革的目标是提升一线组织的作战能力，多打粮食。华为围绕这一目标开展跨功能、跨流程的集成变革。业务流程建设的本质是为客户创造价值，因此必须是端到端的。通过下一步的管理变革，华为要真正实现从客户中来、到客户中去，持续提高为客户创造价值的能力，并确保公司管理体系能像眼镜蛇的骨骼一样环环相扣、灵活运转、支撑有力。"

2014 年，任正非表示：

从 1998 年起，公司邀请 IBM 等多家世界著名公司做顾问，先后开展了 IT S&P、IPD、ISC、IFS (Integrated Financial System，集成财务系统) 和 CRM (Customer Relationship Management，客户关系管理) 等管理变革项目，先僵化，后优化，再固化。我们要防止在没有对流程深刻理解时的"优化"。经过十几年的持续努力，取得了显著的成效，基本上

建立起了一个集中统一的管理平台和较完整的流程体系，支
撑了公司进入 ICT 领域的领先行列。

华为 2017 年全球销售收入 6036 亿元人民币，同比增长 15.7%，
净利润 475 亿元人民币，同比增长 28.1%，可以说是非常亮眼的成
绩单。华为用 30 年时间实现了跨越式发展，从民营小企业一跃登上
全球最大的通信设备供应商的宝座，不仅因为它在技术上从模仿到
跟进又到领先，更因为华为一直在不断探索管理模式的创新，建立
了与国际接轨的管理模式。

第二章

战略管理智慧：
只有战略聚焦，才能有所突破

第一节 专业化战略

战争的胜利是打赢了关键战役，而非打赢了很多战役。成功是因为把一件事情做到极致，而非做了很多事情。

任何一个领域，只要进去就会发现机会遍地，但这只是表象，能否真正抓住机会要看能否找到切入点，打开局面并延伸开去形成规模用户，否则任何机会都只是理论上的机会，而形不成你的市场。所以，与其遍地开花，不如退而结网，抓住一个突破点，扎进去做深、做透，形成自己的市场优势和占领更多领地。

创业初期，商业模式越专注越好，比如，微软起步时是靠做DOS 操作系统，新东方是靠教托福起家，新浪的成功是因为门户，携程的成功缘于卖机票。

然而，与强调专业化战略相反的一种意见是，经营企业往往要求规避风险，而不把鸡蛋放在同一个篮子的多元化企业经营是一种很好的战略选择。因这种理论而成功的企业数不胜数，最典型的企业莫过于李嘉诚旗下的长江实业与和记黄埔了。这两家企业涉及的行业有贸易、物流、码头、电子、电信和房地产等。

因为李嘉诚的多元化战略成功了，很多人愿意相信多元化。万科企业股份有限公司创始人王石分析说："香港市场是一个特例，弹丸之地，所有香港市民都在为两个行业打工，一个是银行，一个是房地产，所以出现李嘉诚是必然。"多元化做得很成功的，一定是那个时代的经济很无序，在很粗放的时代才能够脱颖而出。比如通用电气，通用电气公司曾经涉及的行业有多个，随着时间的推移，经济环境的变化，减到现在的十几个行业，它的多元化是减法的多元化，方向上是朝向专业化的。

在 20 世纪 90 年代，中国内地企业曾掀起了一股多元化的浪潮，1992 年，海尔集团结束了长达 7 年的专业化阶段，从冰箱扩展到洗衣机、电视、DVD、小家电、电脑、手机等行业。同年，珠海巨人集团做出了多元化的决定，斥资 5 亿推出了电脑、保健品、药品三大系列 30 多个新品。

在中国企业多元化倾向愈演愈烈的同时，任正非的目光却很超前，他早早地就提出了专业化的经营战略。

《华为公司基本法》第一条规定："为了使华为成为世界一流的设备供应商，我们将永不进入信息服务业。通过无依赖的市场压力传递，使内部机制永远处于激活状态。"

著名管理专家王育琨分析道："华为固守通信设备供应这个战略产业，除了维持公司运营高压强的需要，还为结成更多战略同盟打下了基础。商业竞争有时很奇怪，为了排除潜在的竞争者，花多大血本都不在乎。在通信运营这个垄断性行业，你可以在一个区域获得一小部分的收益，可是在更多区域，运营商们会关闭你切入的通道。任正非深知人性的弱点，守护着华为长远的战略利益。"

任正非是从一开始就明确了专业化中的奥妙，而万科企业股份有限公司则走了一段弯路。万科创始人王石在万科成立五六年之后，介绍万科是做什么的时候，他是这样告诉别人的："告诉你万科不做什么反而比较容易，万科除了军火、黄赌毒不做之外，什么都做。"然而，王石最终在 1993 年确立了万科行业上的专业化选择。至于原因，1999 年，王石在接受财经记者陆新之的采访时详细解释道："企业做到 10 个亿的时候，你再往上做就非常困难了。你会发现你的资源本身就不多，人力资源、资本资源，实际上你本身就只有这么点儿资源，又被分到十几个行业当中去。绝对不能一味追求大规模，因为如果一味追求大规模又不能做到，再砍掉，规模不是反而越来越小了吗？我们慢慢发现，房地产市场在中国刚刚开始，市场非常大，而且能够维持比较长的增长时间。房地产市场很大，没有垄断，我们就选择了房地产。我们曾经选择做录像机，但是我们国家已经有 9 个国家定点的厂，每年进口的指标都分给这 9 家，所以根本行不通。已经确定房地产后，万科开始做减法。因为资源集中了，虽然调整时期恰好是房地产非常不景气的时候，1992 年、1993 年因为宏观调控，很多人不做房地产，但到了 1998 年房地产真正热起来的时候，万科的情况很好。"

战略管理大师迈克尔·波特在接受《对话》采访时曾这样说过："多元化是很难成功的，证据表明很多多元化经营的公司都失败了，这些公司又回到他们的核心业务，发觉只有这样他们才能成功。所以你必须要非常小心多元化，多元化的工作必须要确保，你必须确保你有一些优势，从老的业务中移植到新的业务中。这中间必须要有一种合力产生，我们讲的这个合力是很难实现的。我认为典型的误区是在发展的经济中，大家多元化分散得太广了，因为有很多的机会，有很多发展的市场，你只看到到处都是机会，就会去做很多不同的事情。所以我想提醒你们注意，不要掉到这个陷阱里去。"

20世纪80年代，杰克·韦尔奇在上任通用电气公司董事长之初，针对通用电气公司涉足行业过于分散、公司整体绩效不佳的情况，领导发起了一项声势浩大的"数一数二"的运动，凡是不能进入行业前两名的产业部门都要撤销，这项运动使通用电气在改善多元化经营方面发挥了积极作用。由分散投资走向集中经营，这是韦尔奇在战略上的聚合思维。

在企业的发展过程中，最容易犯下的错误之一，就是在增长的诱惑之下，"收容"了太多并不是自己特长的某些业务。这些业务或者与其他的业务没有太大关系，成为企业里的一个孤立点，有时候甚至还会危害到其他业务之间的正常关系。因此，随着企业的不断发展壮大，这些业务渐渐成为企业成长道路上的一个巨大包袱。这个时候，不失时机地卸掉这些包袱无疑是一个明智的选择。迈克尔·波特表示，企业应该出售那些与其他业务没有重要的关系或者阻碍别的业务进行共享的业务。

2018年4月4日，任正非在接受媒体采访时再次重申了华为不做多元化业务的态度："华为做的是管道，只管流量的流动。终端是管道，它相当于'水龙头'，企业业务也是管道。我们的技术理论架构模式，将推行'每比特成本下降的摩尔定律'，做网络的不断简化。网络不断简化的结果是我们的销售收入将会不断减少，但受益的是整个社会。华为公司过去这么多年，其实就是在做这件事情，比如光网络按每比特计算成本，这些年其实降价了近万分之一，这成就了互联网。我们不断递减，需要在基础科学上做更深入的研究。华为不会做多元化业务，会永远聚焦在主航道上，未来二三十年，可能我已不活在世界上了，但相信后来的公司领导层仍会坚持聚焦。"

第二节 活下去，是硬道理

国外一些经营管理类的畅销书，常常会让中国企业家兴奋很长一段时间。企业家们刚读完《蓝海战略》，就开始思考如何不与对手直接竞争，而是开创新市场空间，寻找属于自己的"蓝海"。《基业长青》《从优秀到卓越》这类书籍风靡时，中国企业家开始思考实现向卓越公司跨越的宏伟蓝图。

针对这一现象，华为资深管理顾问吴春波教授曾在《华为没有秘密》一书中一针见血地指出："对于中国企业来说，基业长青或从优秀到卓越，都是非常遥远的事情，这一愿景不会因为我们的思考而提前实现，它属于重要但不紧急的事情。"

那么，中国大多数企业所面临的关键问题究竟是什么呢？什么才是真正重要且紧急的问题？

是活下去！活下去，是中国企业发展的硬道理。因为只有活下去，企业才会有基业长青的机会，才会拥有从优秀到卓越的机会。

然而，在风云变幻、竞争激烈的市场环境中，企业活下去并不是那么容易，许多企业虽然度过了艰险的初创期，但由于没有抵挡住增长的诱惑下的盲目扩张，最终被并购甚至夭折。吴春波教授认为："造成企业短命的原因归结为一条，就是它们失去了永续成长的内在动力，丧失了抵御外在环境的免疫力。企业要活下去，必须具备持续成长的动力。"

对此，任正非有着更为深刻的认识，在他掌舵华为这艘大船时常常为如何让企业活下去并成长得更好而殚精竭虑。早期的华为是一家贸易公司，"十几个人、七八条枪"，没有资本、没有背景，甚至连产品也没有，硬是从外企、国企的合围中杀出一条血路。那时，华为最响亮的口号是"胜则举杯相庆，败则拼死相救"。那时，活下来就是胜利。

可以说，自华为成立之日起，任正非就变成了一个怕死的人，华为就成了一家怕死的公司，"活下去"就成为华为最低也是最高的战略目标，实用主义成为唯一选择。他不仅仅在企业初创阶段关注活下去，而且在企业发展到一定规模、当上了行业"领头羊"时，他仍然对活下去念兹在兹。2001年4月，任正非写下了《北国之春》，每一个字都振聋发聩：

华为成长在全球信息产业发展最快的时期，特别是中国
从一个落后网改造成为世界级先进网，迅速发展的大潮流中，
华为像一片树叶，有幸掉到了这个潮流的大船上，是躺在大

船上随波逐流到今天，本身并没有经历惊涛骇浪、洪水泛滥、大堤崩溃等危机的考验。因此，华为的成功应该是机遇大于其素质与本领。

什么叫成功？是像日本那些企业那样，经九死一生还能好好地活着，这才是真正的成功。华为没有成功，只是在成长。

我司初创时期处于饥寒交迫，等米下锅的状态。初期十分重视研发、营销以快速适应市场的做法是正确的。活不下去，哪来的科学管理。但是，随着创业初期的过去，这种偏向并没有向科学合理转变，因为晋升到高层的干部多是来自研发、营销的干部，他们在处理问题、价值评价时，有不自觉的习惯倾向。使强的部门更强，弱的部门更弱，形成了瓶颈。

从这段话里，我们可以看到任正非解决华为早期的生存问题主要是依靠研发、营销以快速适应市场，当年这颗弱小的种子落地于贫瘠的农村通信市场，没有任何抱怨和犹豫，本能地深耕细作、顽强地拓展地盘，以压强原则，绞杀那些"七国八制"的根基，彰显华为顽强的生命力。后来，华为经过十几年的发展，企业的主要矛盾从技术与市场的矛盾转变为经营与管理之间的矛盾，华为通过引入国际化管理运作体系，不断提升企业的核心竞争力，继而攻占全球市场。任正非在华为不同的发展阶段，为企业寻找如何活下去的良方。

第三节　战略新定位

任正非为华为寻找活下去的路线，一旦探明了自己所要走的道路之后，就在所要走的道路上迅速奔跑起来。

"10多年前，华为坚持以'电信设备商'为战略定位，华为在1998年推出的《华为公司基本法》中列有一条：'为了使华为成为世界一流的设备供应商，我们将永不进入信息服务业！'然而，电信设备市场的风云变幻出乎华为公司创始人当初的预料——传统的电信设备行业的辉煌期太短了！如今西门子已经退出了电信市场，北电网络、摩托罗拉这样曾经很风光的老牌电信设备商已走向没落，华为也不得不打破当初的'永不进入信息服务业'的承诺。尽管电信基础网络还是华为的核心业务，但是华为的业务发展更加注重从'硬'到'软'的层面倾斜——不仅重视电信服务业务，对互联网业务也早有谋划。因为华为已经认识到，在互联网时代，电信只有与互联网融合，才有生命力。"2009年6月，《世界计算机》记者李云杰分析道。

那一个阶段，华为的新定位是：全球领先的电信解决方案供应商。"华为只能转型为互联网与电信融合的ICT基础架构供应商，因为互联网与通信融合的结果是，未来将很难界定谁是电信运营商，谁是互联网或媒体公司，谁是电信设备商，谁是IT厂商。"华为负责互联网战略研究的某位负责人说。

松禾资本管理有限公司董事长罗飞分析道："随着全球3G（第三代移动通信）时代的到来，任正非看到了一个机会，一个华为可能成为行业第一的机会。在 3G 之前，华为在服务器、交换机、移动通信三个领域都是全球第二，分别排在思科、朗讯、诺基亚之后。因此是在三个不同的领域与全球老大竞争。而 3G 时代对运营商提出了新的需求，就是要求供应商有'移动互联网综合方案'的提供能力，而多项第二的华为，无疑具有排在第一的综合能力。看到这个机会，任正非把华为定位为：在 3G 环境下的'方案提供商'和'系统服务商'。在新定位中，他说华为要做的事有两件：一是做网络铺设的'管道工'，做好管道建设施工；二是管道铺设完成后，给客户提供'计费和服务系统'。"

2010 年 1 月，华为企业业务产品线副总裁杨晨在接受《通信产业报》记者逢丹采访时表示："华为非常重视企业市场的发展，企业业务产品线专注于为客户提供前瞻的解决方案和服务。经过 2008 年和 2009 年的努力，华为已经和全球 50 家知名运营商中的 36 家运营商建立了深厚的合作关系。同时，华为企业业务产品线致力于为企业网市场的发展建立一个成熟健康的生态系统。"

华为高级营销专家孙亦开在"2007 年手机多媒体应用大会"上说道："在流媒体领域里面，咨询公司的统计报告是在未来两年 3G 的用户会达到 5 亿以上的基础上形成的。通过 3G 看流媒体业务，体验新的业务会超过 1 亿，也就是 1/5 以上用户使用 3G 最主要体验这种业务，收入可以达到 60 亿美元，每个用户每月为 3G 业务付 5 美元以上。当然增长最快的区域首先是美洲、西欧和亚太。

"我们现在做好准备了吗？全球有 250 家运营商已经做了准备，其中 85% 的运营商准备采用 3G 的技术，基于移动微蜂窝技术，其他 15% 会采用基于 DVB（Digital Video Broadcasting，数字视频广播）和 DMB（Digital Multimedia Broadcasting，数字多媒体广播）技术。在 250 家运营商里面，会有 200 家以上来支持移动流媒体技术。移动流媒体如何在 3G 时代成为一个杀手业务，它应该是产业链的整合，在各个领域互相密切配合，使它不断发展，后面有一个发展趋势，华为公司的分析基于 Gartner（高德纳，又译顾能公司，是第一家信息技术研究和分析的公司）的模型。发展趋势分为起步阶段，业务触发期，然后是泡沫或膨胀阶段。其中第三阶段是低谷，处于泡沫破灭、期望值很低的阶段，逐渐恢复到进入成熟期。在预期中，虚拟生活在移动领域和互联网领域炒得比较火，现在认为是很有前途的，但是通过数学分析的话，业务是有一个发展先后顺序的，也就是说在我们这里，我们认为最先发展的，通过 2G 也可以看到的 digital music（数字音乐）实际上是横轴的成熟度和纵轴对它的预期，这有一个曲折前进的关系，并不是正向的增长。我们预期 P2P（同等延迟机制）、CDN（Content Delivery Network，内容分发网络），这些都是在近 3 年内实现，在日本、阿联酋和欧洲的法电以及沃达丰，基本上都是采取这种模式发展。根据产业链成熟情况来发展各种业务。"

百度的搜索平台每日承载来自 138 个国家、数亿次点击访问的海量数据处理，这对服务器的容量及存取性能来说，是一个极大的挑战。为定制高性能的搜索服务器，百度将求助之手伸向了华为。

如今电信与互联网已日益融合，ICT 成为未来的发展方向。尤其是随着 3G 时代的到来，以移动互联网为代表的移动数据业务已呈现快速增长的趋势，传统的互联网业务正在加速与移动通信进行融合。全球主流运营商，以及各 CP/SP（CP，内容提供商；SP，服务提供商）都已将 ICT 作为其业务发展的战略重点。在 ICT 基础设施最为关键的服务器领域，华为发挥了在电信与互联网领域的综合优势，可提供技术领先的服务器产品和端到端的支撑服务。在不到半年的时间里，华为与百度多次就 SSD（Solid State Drive，固态硬盘）存储技术在服务器上的应用进行了密集的交流和探讨，针对难点技术多次攻关，终于在 2008 年年中向百度交付了第一批采用 SSD 领先存储技术的高性能搜索服务器，使搜索服务器的读写速度提升了几十倍。

通信技术发展日新月异，从 3G 迅速到 4G 的应用，5G 技术也越来越成熟，第四次工业革命以及 5G 的发展正将公众带入一个万物感知、万物互联、万物智能的智能世界，并有望由此打开价值 23 万亿美元的数字化转型市场。华为预测，2025 年全球个人智能终端数将达 400 亿，个人智能助理普及率达 90%，智能服务机器人将步入家庭，届时 5G 手机将成为万物互联的神经中枢。

在这样一个时代背景下，华为的战略定位又发生了什么新的变化呢？2017 年 11 月 20 日，任正非在华为公司愿景与使命研讨会上的讲话中，明确宣布，华为立志把数字世界带入每个人、每个家庭、每个组织，构建万物互联的智能世界。他清晰地描述了华为的愿景和使命："简单地说，数字世界是散的、虚拟的，智能世界是凝结的、现实的，把散的东西凝结起来。这边是一堆散的数字世界，那边凝结成智能的现实东西，华为是中间的这个桥梁，也是连通万物的'黑土地'。做平台是我们的优势,我们要使优势更优势。把一个大的虚拟世界带给个人、家庭和组织,就是在构建形成另外一个更大的新的世界、智能的世界,这是一个走向未来的过程,华为就是作为中间的一个桥梁。"

任正非在讲话中,再次阐述了华为的愿景和核心价值观之间的关系:

> 把数字世界带给每个人、每个家庭、每个组织,才有可能实现智能世界;把数字世界给每个人、每个家庭、每个组织,本身就是以客户为中心,让服务更优秀。未来每一个人、每个家庭、每个组织(包括企业、政府及公共事业组织等),或多或少要用到华为公司的产品或服务,或者使用华为帮助运营商建设的网络,或者使用华为的终端,或者使用华为的企业类产品。这些是分散的,缺少凝聚力,智能化才能凝聚起来。个人、家庭和组织是社会、世界的基本构成形态,同时也直接体现我们的主要业务场景、业务范畴。这样的业务形态、业务场景和范畴本身就体现了我们"以客户为中心"的核心价值观。

第四节 以客户为中心

"以客户为中心"是华为成功的重要秘诀。在华为内部，从总裁到普通员工，客户的要求是最高行动纲领，流程、组织、管理制度都与这个要求一致。

为什么要"以客户为中心"？原因很简单。经营，对于任何组织来讲，都是组织目的的最大化。也就是说，经营的目的就是赚钱，这是由企业的功利性决定的。不能赚钱的企业是被异化了的企业，因为它违背了企业的本质特征。企业的效益并不是来自企业的内部，企业的产品与服务在未进入市场之前，仅仅存在理论上的效益，只有通过市场，实现从产品到商品的"惊险一跳"，并被客户所认可之后，企业才有可能实现效益。客户是企业生存之本，为客户服务是企业存在的唯一价值和理由，因为它是企业效益的源泉。不以客户为导向，不能为客户持续地创造价值，企业只能是个多余的存在，它终将失去存续的价值与理由。

如何实现"以客户为中心"？当然需要企业员工的价值认同，约束员工各自的价值观，形成统一的核心价值观体系。将价值观变为核心价值观并不是件容易的事，把核心价值观由"观"变为"言"与"行"，更困难。

华为资深管理顾问吴春波教授指出："'以客户为中心'不是单一地以某个客户为中心，不是完全无底线和无边界地屈从于客户的超越商业规则的需求。其一，任何企业都不是慈善机构，都是功利组织，因此，'以客户为中心'必须建立在对客户需求的准确理解和把握的基础之上，必须基于共同遵循基本的商业规则的信用之上；其二，'以客户为中心'的企业，必须坚守以生存为底线，只有企业持续发展，才能达成'以客户为中心'的持续性和长期性；其三，衡量组织与员工是否'以客户为中心'的标准，必须是其是否能持续提升经营绩效。"

他表示，"以客户为中心"是华为的万有引力场，是华为"力出一孔"的唯一的"孔"，是华为价值创造的唯一目标。

在华为发展的过程中，华为以竞争为基准的战略生存观转化为"以客户为中心"的战略发展观。《华为公司基本法》起草者之一彭剑锋教授这样分析道："为贯彻这种新的战略观，华为首先基于客户对组织结构进行了相应的调整，如在经营管理团队专门设有战略与客户常务委员会，该委员会履行其在战略与客户方面的职责，提供决策支撑，并帮助EMT（经营管理团队）确保客户需求驱动公司整体战略及其实施。在公司的行政组织结构中，建立了战略与Marketing（市场营销）体系，专注于客户需求的理解、分析，并基于客户需求确定产品投资计划和开发计划，以确保客户需求来驱动华为公司战略的实施。在各产品线、各地区部建立Marketing组织，贴近客户倾听客户需求，确保客户需求能快速地反馈到公司并被放入产品的开发路标中。同时，明确贴近客户的组织是公司的领导层，是推动公司流程优化与组织改进的原动力。

"其次，将客户价值理念融入产品的全过程。在产品开发过程中构筑客户关注的质量、成本、可服务性、可用性及可制造性。任何产品一立项就成立由市场、开发、服务、制造、财务、采购、质量人员组成的团队（PDT），对产品整个开发过程进行管理和决策，确保产品一推到市场就能满足客户需求，通过服务、制造、财务、采购等流程后端部门的提前加入，在产品设计阶段，就充分考虑和体现了可安装、可维护、可制造的需求以及成本和投资回报。并且产品一旦推出市场，全流程各环节都做好了准备，摆脱了开发部门开发产品，销售部门销售产品，制造部门生产产品，服务部门安装和维护产品的割裂状况，同时也摆脱了产品推出来后，全流程各环节不知道或没有准备好的状况。"

为了更好地把积累的技术能力与客户需求相结合，华为与西班牙、意大利电信等一流运营商成立了联合创新中心，华为的工程师与运营商的工程师坐在一起讨论网络的演进方向和解决方案，以客户需求牵引产品研发方向，提供客户化的定制网络解决方案。

2005 年以后，华为与全球几百家客户之间的关系已经不再是简单的甲乙方关系了，而是上升到互为依存、互相促进的战略伙伴关系，这对华为来说是一个根本性的转变和提升。因此，从 2006 年到 2010 年，这一时期，华为以极高的频率大讲特讲"以客户为中心"，并通过多层次的培训活动进行系统强化。

2010 年的一次 EMT 会议纪要明确提出："公司长远的战略方针，是要通过不断地提高产品和服务质量、提高交付能力，来提高公司的市场竞争力，并解决我司和西方对手的平衡问题。没有提高服务质量，仅仅依靠压低价格，结果实际上也没有拉开与战略竞争对手的差距，还过度挤压西方厂商的生存空间。"这是华为在与客户形成战略合作伙伴关系后，对"以客户为中心"的价值追求的新的理

解，也从而调整了华为与竞争对手的战略竞争方式，进一步拓宽了
华为的全球扩张空间。

2010 年，"以客户为中心，以奋斗者为本，长期坚持艰苦奋斗"
被正式确定为华为的核心价值观。

第五节　均衡的发展模式

管理学中有个"木桶原理"：一个木桶由许多块木板组成，如
果组成木桶的木板长短不一，那么这个木桶的最大容量并不取决于
长的木板，而是取决于最短的那块木板。

一家企业好比一个大木桶，企业中的每一个员工都是组成这个
大木桶不可或缺的一块木板。同样的道理，企业的成功往往不是取
决于某几个人的超群和突出，而是取决于它的整体状况，取决于它
是否存在某些明显的薄弱环节。

2011 年 1 月 4 日，任正非在华为大学干部高级管理研讨班上的
讲话中表示：

> 过去公司采取的是"强干弱枝"政策，要加强组织均衡
> 管理。什么叫强干？过去是重市场研发，现在是重研发市场，
> 忽略了公司均衡发展，我们的枝很弱，要从干部管理这方面
> 开始改变。
>
> 我们公司是重技术不重管理，西方则是管理重过技术，

我们再也不能走强干弱枝的道路了。我们的高层干部都想不到要均衡发展，怎么可能让基层干部和基层员工想到均衡发展？我们要跳出固有思维方式，要在各个领域全面发展，做不好这一点，我们就不具备全球业务运作的能力。

任正非指出，均衡发展就是抓短的那块木板。"木桶原理"表明，对企业而言，"最短的木板"就意味着企业的劣势，因此，劣势决定优势，劣势决定生死。

在多次出访日本，并见识到了日本企业的精细化管理后，任正非对华为管理中存在的粗放、低效、发展不均衡等问题，在2000年提出的"2001年管理十大要点"中，将"均衡发展"作为华为管理任务的第一个要点来加以强调。可以说，任正非的经营治理思想的核心就是均衡，均衡是其最高的经营治理哲学。

任正非在其题为《华为公司十大管理要点》的演讲中说道：

在管理改进中，一定要强调改进我们木板最短的那一块。为什么要解决短木板呢？公司从上到下都重视研发、营销，但不重视理货系统、中央收发系统、出纳系统、订单系统等很多系统，这些不被重视的系统就是短木板，前面干得再好，后面发不出货，还是等于没干。因此全公司一定要建立起统一的价值评价体系、统一的考评体系，才能使人员在内部流动和平衡成为可能。比如有人说我搞研发创新很厉害，但创新的价值如何体现，创新必须通过转化变成商品，才能产生价值。我们重视技术、重视营销，这一点我并不反对，但每一个链条都是很重要的。

研发相对用（户）服（务）来说，同等级别的一个用（户）服（务）工程师可能要比研发人员综合处理能力还强一些。所以如果我们对售后服务体系不给予认同，那么这个体系就永远不是由优秀的人来组成的。不是由优秀的人来组成，就是高成本的组织。因为他飞过去修机器，一趟修不好，又飞过去还修不好，再飞过去又修不好。我们把工资全都赞助给民航了。如果我们一次就能修好，甚至根本不用过去，用远程指导就能修好，我们将节省多少成本啊！

我们这几年来研发了很多产品，但 IBM 等西方公司到我们公司来参观时就笑话我们浪费很大，因为我们研发了很多好东西就是卖不出去，这实际上就是浪费。我们不重视体系的建设，就会造成资源上的浪费。要减少木桶的短木板，就要建立均衡的价值体系，要强调公司整体核心竞争力的提升。

华为创立初期，其组织结构以反应迅速、运作高效而著称，但是如果它不能根据市场需求以及企业发展态势不断调整，就会成为影响企业整体发展的短板。

2001 年，在《北国之春》一文中，任正非写道："华为组织结构的不均衡，是低效率的运作结构。就像一个桶装水多少取决于最短的一块木板一样，不均衡的地方就是流程的瓶颈。我司初创时期处于饥寒交迫，等米下锅的状态。初期十分重视研发、营销以快速适应市场的做法是正确的。活不下去，哪来的科学管理。但是，随着创业初期的过去，这种偏向并没有向科学合理转变，因为晋升到高层的干部多是来自研发、营销的干部，他们在处理问题、价值评价时，有不自觉的习惯倾向。使强的部门更强，弱的部门更弱，形成了瓶颈。有时一些高层干部指责计划与预算不准确，成本核算与控制没有进入项目，会计账目的分产品、分层、分区域、分项目的核算做得不好，现金流还达不到先进水平……但如果我们的价值评价体系不能使公司的组织均衡的话，这些部门缺乏优秀干部，就更不能实现同步的进步。它不进步，你自己进步，整个报表会好？天知道。这种偏向不改变，华为的进步就是空话。"

华为资深管理顾问吴春波教授在其文章《华为：均衡发展模式的成功》中分析道："2005 年，伴随着华为国际化步伐的加快，华为重新梳理了自己的使命愿景和发展战略。其战略定位于：1. 为客户服务是华为存在的唯一理由，客户需求是华为发展的原动力；2. 质量好、服务好、运作成本低，优先满足客户需求，提升客户竞争力和盈利能力；3. 持续管理变革，实现高效的流程化运作，确保端到端的优质交付；4. 与友商共同发展，既是竞争对手，也是合作伙伴，共同创造良好的生存空间，共享价值链的利益。"（如图 2.1 所示）

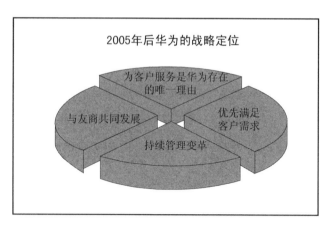

图 2.1　2005 年后华为的战略定位

吴春波在《华为没有秘密》一书中写道："从上述战略不难看出，华为的战略既关注经营（第一条），又关注管理（第二条）；既关注企业外部（第一条与第四条），同时也关注企业内部（第二条与第三条）。可以说基于其经营管理哲学的华为战略，是一个充满了均衡的战略。"

近两年，华为在外界似乎不断展现出崭新的面貌。在我们的印象中，华为早已不仅仅是低调端着电信行业金饭碗的企业，面对日新月异的变化，华为的业务延展到更多有增长潜力的热点行业。

互联网探索

多年前，华为便已经开始与互联网企业接触，曾与百度、盛大成立了联合实验室。为这些互联网厂商提供服务，华为积累了一定经验。

2008 年下半年，华为成立了互联网业务部，由朱波担任业务和

软件产品线的首席市场官，正式开始了在互联网领域的探索，华为
对互联网业务的态度变得积极起来。后来爱米网正式上线，华为首
先开始了 SNS（社交网站）的尝试。2010 年，华为将整个公司分成
了运营商 BG（Business Group，是华为公司按客户群维度建立的业务
集团）、企业 BG 和消费者 BG 三大业务集团，互联网业务部被归入
了消费者 BG。

　　2010 年，华为首次发布云计算战略，正式宣布进军云计算领域，
算此领域的一个后来者。2015 年 7 月 30 日，华为在北京举办"企业
云战略与业务发布会"，正式发布面向中国市场的企业云服务，包
括面向金融、媒资、城市及公共服务、园区、软件开发等多个垂直
行业的企业云服务解决方案，致力为客户提供企业级的 ICT 基础设
施服务。华为轮值 CEO 徐直军介绍，云服务模式正在成为企业 IT
的新模式，这已经成为企业共识。在 IT 领域，华为在全球部署了 5
个专注于云计算的研发中心，研发人员超过 10000 人，并且通过企
业创新，打造高弹性、低时延、高可靠性等特性在内的企业级 IaaS
（Infrastructure as a Service，基础设施即服务）能力。

　　2017 年年中，华为内部发文宣布重量级组织架构调整，Cloud
BU（云业务部门）升为一级部门，获得更大的业务自主权。Cloud
BU 作为一级部门，与产品和解决方案部门平级，但仍低于华为企业
BG、运营商 BG 和消费者 BG 这三大业务集团。

进军移动终端

　　华为加快向非电信领域挺进的一个重要原因，是其当时所面临

的成长瓶颈。电信运营商在 3G 建设上的投资正在放缓，而 4G 网络建设尚未大规模展开，在此背景下，华为终端整合移动宽带终端、手机、融合终端和视讯解决方案四大产品线。企业业务和终端消费电子产品（智能手机和平板电脑等）成为华为寄予厚望的两大新引擎。

虽然华为进入手机领域时间较晚，但其希望在短时间内取得领先地位。事实证明，华为进入手机领域的举措非常正确，仅 2016 年全年华为智能手机发货量为 1.39 亿台，2017 年华为在中国智能手机市场的占有率达 19%，位列第一。其中，"荣耀"系列手机的出货量占华为智能手机总出货量的六成多，对华为市场份额扩大功不可没。从全球手机市场的表现来看，苹果、三星、华为等几大品牌几乎占据了市场的半壁江山，经过短短几年发展，华为手机已经成为具有全球影响力的智能手机品牌。

巩固电信大本营

除了在互联网领域频频出击，华为也不忘继续巩固电信大本营，加深与欧洲的合作。2004 年，华为在英国设立欧洲地区总部，将海外拓展的重点从亚非拉等发展中国家转向了欧美主流高端市场。华为最终在 2005 年成为英国电信公司的设备供应商。2005 年 11 月，华为与全球最大移动通信运营商沃达丰集团签订了全球采购框架协议。

2012 年 5 月，华为斥资 15 亿美元在匈牙利建欧洲物流中心。2012 年，华为欧洲物流中心的仓库面积达 25000 平方米，进出口货物金额达到 15 亿美元，物流吞吐量预计达到 50 万立方米，将覆盖欧盟境内全部国家。2012 年，华为在欧洲已设有 37 个代表处，6 个研发中心，9 个培训中心，其研发、服务、培训以及生产和销售业务遍布整个欧洲，员工人数约有 7000 人，其中 65% 以上为本地员工。

华为公司匈牙利市场负责人介绍，从 2000 年左右进入欧洲市场，至 2016 年，华为成为东北欧绝大多数国家当地运营商的主流设备供应商。"我们对公司在欧洲的未来发展充满信心，诸多欧洲顶级运营商如德国电信、法国电信、西班牙电信、沃达丰集团均与华为建立了战略合作伙伴关系；在消费者领域和企业业务领域，我们也取得了不俗的成果，我们坚信华为将成为欧洲不可或缺的一股重要力量。"

2016 年，华为在欧洲、非洲、中东的销售收入达到 1565.09 亿元人民币，2017 年华为在这些区域实现销售收入 1638.54 亿元人民币，实现了区域市场的规模销售，其收入约占华为总收入的三成。如今，华为已经成为欧洲主要的电信设备供应商。

迈克尔·波特：战略定位的三个出发点

战略定位有三个不同的原点，它们并非相互排斥，而是经常重叠。

首先，定位可以以提供某行业的某类产品或服务为原点。我把它称为基于种类的定位，即基于产品或服务种类的选择而不是基于客户细分市场进行战略定位。只有当公司通过其独特的运营活动提供最好的特定产品或服务时，基于种类的定位才具有经济意义。

采取这一定位的典型例子是吉菲·罗伯国际公司。这是一家专营汽车润滑油的企业，不提供汽车维修与保养等其他服务。与综合汽修商店相比，其价值链提供的是更低廉、更快捷的服务，这样的组合非常具有吸引力，以至于许多顾客决定分别进行采购，润滑油从业务专一的吉菲·罗伯那儿零买，而其他服务则仍然从其竞争对手处购买。

客户之所以选择吉菲·罗伯国际公司，是因为看中它在某一特定的服务领域拥有性能卓越的价值链。基于种类的定位面向的客户范围很广，但是大多数情况下，这种定位只能满足他们需求中的一小部分。

定位的第二个原点是，满足某一特定客户群的大部分或所有需求。我把它称为基于需求的定位，这更接近于传统的目标客户定位的观念。

    例如，在个人理财业务中，贝西默信托基金公司将自己的服务对象锁定在那些可投资资产不低于500万美元，并希望储蓄资金和积累财富兼顾的富裕家庭。通过为每14户家庭指派一名经验丰富的客户服务主管，贝西默公司围绕着个性化服务展开运营活动。例如，选择在客户的农场或游艇而不是公司的办公室与其会晤。贝西默提供一系列针对客户要求的服务，其中包括投资与不动产的管理、油气资源投资的监督，以及对赛马和私人飞机等个人资产的核算。对于大多数私有银行而言，贷款是它们最主要的业务，但贝西默的客户却很少需要贷款，贷款在客户的资产负债表和损益表中仅占很小的一部分。尽管贝西默的客户主管薪酬颇丰，人员成本在营业费用中所占的比重很大，但是其针对家庭的差异化服务还是为它带来了非常可观的投资回报，回报率远远高于其他主要竞争对手。

    定位的第三个原点是根据不同的接触途径对客户进行细分。虽然不同客户的需求有一定的相似性，但是为了接近这些客户而设计的运营活动应该有所区别。我把这样的战略定位称为基于接触途径的定位。

    以美国卡麦克院线（Carmike Cinemas）为例，该公司专门在人口不到20万的小城镇运营电影院。在规模如此之小且不能承受大城市票价的市场中，卡麦克是如何实现盈利的呢？说起来也很简单，就是通过一系列精心设计的运营活动降低成本结构。它为小城镇的观众提供标准化、低成本的影院设施。公司自主开发的信息系统和管理流程降低了影院对劳动力的需求，每一个影院仅需一名经理就够了。此外，集中采购、廉价的租金和劳动力成本（由于影院都在小城镇）以及极低的经营管理费用（仅为2%，而行业平均水平为5%）也使卡麦克获

益匪浅。尤其值得一提的是，在小社区中运营使卡麦克可以采取一种
更加个性化的营销方式——影院经理几乎认识每一个主顾，他常常靠
个人接触来提高上座率。作为几乎独霸所在市场的连锁影院（其主要
竞争对手常常只是高中的橄榄球队），卡麦克不仅能得到非常卖座的
电影，而且在同发行商谈判时也常常能争取到更好的条件。

　　（本文摘编自《什么是战略》，作者为迈克尔·波特，来源于《哈佛商
业评论》，2004年1月）

第三章

组织管理智慧：
形成灵活的矩阵管理结构

现代管理学认为，合理而有效的组织，对于搞好企业管理，实现组织目标具有重大意义。因此，虽然现代各个管理学派在管理的其他职能上的观点有所不同，但是在组织上的观点却是出奇一致，都认为任何管理都离不开组织职能的运用。所以要研究华为管理的成功之处，组织管理问题不容回避。

可以说，华为的组织构架在起步阶段并不出色，有些方面甚至存在很大的问题和隐患。但是华为从 20 世纪 90 年代中后期开始，就一直致力组织管理中有关制度、组织结构设计、集权分权、人员配备等方面的建设，在组织管理方面取得了长足的进步，并最终打造出一家成功的现代化企业。

第一节　组织能力再造

任何一个组织要发展，要前进，就必须适应发展，就必须要不断地变化。每个组织在前进发展的过程中，都具有明显的阶段性。不同的发展阶段具有不同的战略、不同的经营规模，因而也有着不同的结构。发展的阶段性、战略类型、规模、组织结构之间有着内在的紧密联系。

2011年，华为实行从过去的单一大平台运作走向多业务运营中心的计划，是为使决策清晰、流程缩短、机构精简、效率提升。但这种机制需要进一步探索，华为要持续提升组织能力，不断激发组织活力。

以直线式结构开局

在1996年以前，因为员工数量较少，华为公司内部门比较单一，产品的研发种类比较集中，组织结构也比较简单，所以其一直采用的是在中小企业比较普遍的直线式管理结构。

这种管理构架主要是靠企业家的英明决策来拉动企业的发展，其优点就是：

1. 结构中责任与职权明确，便于企业领导比较容易和迅速地做出决定；2. 权力集中，指挥统一；3. 垂直联系，责任明确。

华为公司在运用直线式管理结构的时候，具体操作如图3.1所示：

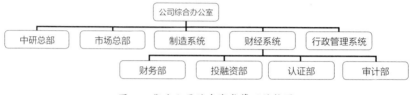

图 3.1 华为公司的直线式管理结构图

由图 3.1 可以看出，任正非直接领导公司综合办公室，而综合办统一领导下属五大系统，各系统中任何一个部门的管理人员只对其直接下属有直接的管理权；每个部门的员工的所有工作事宜也只能向自己的直接上级报告；主管人员在其管辖的范围内，有绝对的职权或完全的职权。

这种权责分明、协调容易、反应快速的组织结构，使得华为在创业初期迅速完成了其原始积累的任务，公司最高领导者任正非对公司内部下达的命令和有关战略部署也更加容易贯彻。

华为从 2005 年开始产生了 EMT。从 2005 年到现在，公司有持股员工代表会、董事会和 EMT。华为 6 万多名持股员工于 2010 年 12 月选举持股员工代表，共选举产生了 51 名持股员工代表，9 名候补持股员工代表。2011 年 1 月 15 日上午，持股员工代表会又选举了董事会和监事会。董事会负责战略方向，同时可以任命或者解聘 CEO。

华为的 EMT 是按照角色任命的，哪些人能进 EMT 在文件里有明确的规定，只要你担任某些角色，就会自动成为 EMT 成员，不能说管市场的或者管研发的，都不能参加经营管理会议吧。当然，除此之外，也有一些有特殊需要的，可以任命。现在参加 EMT 会议的远不止 9 个人，还有一些是列席的成员。

矩阵式结构因势而变

1995 年，随着高端路由器在市场上取得成功，华为的员工总数也从最初的 6 个人发展到 800 多人，产品领域开始从单一的交换机向其他数据通信产品及移动通信产品扩张，市场范围遍及全国各省市。单纯的直线式管理的优点在不断弱化，缺点却日益突出：没有专门的职能机构，管理者负担过重，难以满足多种能力要求；一旦"全能"管理者离职，一时很难找到替代者；部门间协调差。

此外，由于华为所在的电信产业变化迅速，每3个月就会发生一次大的技术创新。为跟上这一系列急剧变化的速度，华为必须建立起既可保持相对稳定，又可迅速调整以适应变化的组织结构。在任正非看来，人才、资金、技术都可以。

引进，实行"拿来主义"，而企业的组织管理只能依靠全体员工共同努力去学习消化先进的管理理念，并与自身的实践紧密结合起来，形成自己有效的组织管理体系。华为通过学习、理解西方先进的管理经验，在早期直线式管理的基础上进一步完善创新，形成了属于华为，并且只适合华为的独一无二的组织管理体系——灵活的矩阵管理结构，即按战略性事业划分的事业部和按地区战略划分的地区公司，作为华为最主要的两个利润中心，由事业部和地区公司承担实际盈利的责任，加快公司的发展速度。

战略决定结构是华为建立公司组织的基本原则。从理论上讲，华为建立起的组织结构是由一个静态结构、一个动态结构和一个逆向求助系统组成。一旦出现具有战略意义的关键业务和新事业生长点，华为就会在组织上建立一个相应的明确的负责部门，这些部门是公司组织的基本构成要素。当市场出现新的机遇的时候，这些相应的部门就会迅速出手抓住机遇，而用不着整个公司行动。在该部门的牵动下，公司的组织结构也将随之产生一定的变形。在变形过程中，组织结构内部相互关联的要素（流程）并没有发生变化，发生变化的是联系的数量和内容。任正非所倡导的就是在华为内部，一个系统发生变化，所有系统都跟着变，但这种变形是暂时的，当阶段性的任务完成后，就会恢复到常态。这是一个从不平衡到平衡的过程。

随着企业的进一步发展，这种灵活的矩阵式管理结构逐渐代替了早先的直线结构，给华为的组织架构带来了新的活力。可以看到，通过不断地摸索和实践，以事业部和地区公司共同构筑的华为矩阵式组织结构在未来的日子里将会更加完善和科学。

矩阵式管理要求企业内部的各个职能部门相互配合，通过互助网络，对任何问题都能做出迅速的反应。不然就会暴露出矩阵式管理最大的弱点：多头管理，职责不清。而华为销售人员在相互配合方面效率之高让客户惊叹，让对手胆寒，因为华为从签订合同到实际供货只要 4 天的时间。

第二节　按产品建立事业部

经过多年的卧薪尝胆，到了 1998 年，华为的在职员工数量已经超过 8000 人，虽然公司从 1996 年就开始引进矩阵式管理结构，但因为很多构架还在摸索之中，所以华为内部更多的还在沿用比较传统的部门管理结构，即交换机、数据业务、无线通信业务各由一个部门负责。指挥权高度集中在少数几个高层手中，中层领导缺乏必要的决策权，员工管理难度大、效率低下，部分华为人产生了一定程度的依赖性，更为严重的是新的生长点长不大，结构性危机日益显著。

在这样的情况下，任正非希望能够引进一种组织结构，既可以提高管理效率，创造更多更新的企业生长点，又能调动每一个华为人的工作热情。因此，根据众多专家学者的建议，华为决定引入划小经营单位，按产品建立的事业部制。

全面启动事业部制

事业部制，顾名思义，就是按照企业所经营的事业，包括按产品、按地区、按顾客（市场）等来划分部门，设立若干事业部。事业部的职能主要体现在以下两个方面：一是在企业的宏观领导下，拥有完全的经营自主权，独立经营、独立核算，是受公司控制的利润中心，具有利润生产和经营管理的职能；二是产品责任单位或市场责任单位对产品设计、生产制造及销售活动具有统一领导的职能。

为了能够更好地在企业内部自上而下地贯彻事业部制，1998 年定稿的《华为公司基本法》第四十四条明确提出："公司的基本组织结构将是一种有纵横两套管理系统叠加在一起的矩阵分权，即按战略性事业划分的事业部和按地区划分的地区公司。事业部在公司规定的经营范围内承担开发、生产、销售和用户服务的职责，地区公司在公司规定的区域市场内有效利用公司的资源开展经营。事业部和地区公司均为利润中心，承担实际利润责任。"

《华为公司基本法》第四十六条对事业部建立的原则和作用进行

了更明确的阐述和规定："对象专业化原则是建立新的事业部门的基本原则，即产品领域原则和工艺过程原则。按产品领域原则建立的事业部是扩张型事业部，按工艺过程原则建立的事业部是服务型事业部。扩张型事业部是利润中心，实行集中政策，分权经营。应在控制有效的原则下，使之具备开展独立经营所需要的必要职能，既充分授权，又加强监督。对具有相对独立的市场，经营已经达到一定规模，相对独立运作更有利于扩张和强化最终成果责任的产品或业务领域，应及时选择更有利于它发展的组织形式。"

制定了事业部制度之后，华为开始有选择、有侧重地在自己旗下的一些子公司进行事业部试点。第一个被选作试点的是1993年成立、在董事会领导下、由华为控制的具有独立法人资格的子公司——华为通信（莫贝克）。

实行了事业部制度的华为通信短期内在管理上大有起色，因为事业部制对产品的生产和销售实行统一管理，自主经营，独立核算，所以极大地调动了华为通信内部员工的积极性、主动性；使子公司内部的最高领导者摆脱日常事务，集中精力去考虑宏观战略；还锻炼和培养了本事业部的综合管理人才。

看到华为通信取得的显著成就，华为公司开始有步骤、分批地对公司的组织结构进行重大改造，根据各部门不同的需求成立了多个事业部。事业部的建立成功地解决了以前管理上无法破解的一系列难题。

事业部制与充分授权

在任正非看来，事业部制度的成功与否，关键在于组织分权制度是否适度。如果在分权的问题上把握不好，就会使企业走向僵局，甚至死亡。只有控制有效的组织才是华为应该建立的组织，没有有效控制，就没有必要分权。稳定是发展的基础，华为将永远实行中央集权，但华为的集权不是独裁，而是在中央集权的基础上进行层层有序分权，并且在分权的过程中进行充分授权，严格监督。

因此，任正非在华为创建事业部的时候明确提出："事业部不能'军阀割据'，自立山头。如果对事业部失去控制就失去建立事业部的目的。子公司能吞掉母公司，更是个笑话，是控制关系的完全颠倒。"他还特别强调在宏观上对事业部的控制："我们必须明确，只有控制有效的组织才是我们应该建设的组织，没有控制有效，就没有必要分权。"

在《华为公司基本法》中更是明确规定：事业部的全部利润由公司根据战略和目标统一分配。华为将包括人事权、仪器设备在内的公共资源对事业部全部开放，以加快事业部的发展速度。

任正非对事业部建设中的分权问题做了如下说明：公司成长到一定时期会有一个新的起步阶段，这个阶段是同等机会阶段，会产生许多新的增长点，新的增长点带来的问题还是管理。事业部制也是华为公司膨胀中的两个首要问题之一。

可以说，华为推行的这种事业部制是近年来华为经济利益的主要来源。对于事业部而言，不需要再做烦琐的通用资源工作，而只需要做专用资源的工作，把创造资源、利用资源、寻找新的经济增长点作为自己首要解决的问题。而作为母公司，华为主要做重大决策控制和服务，以集中优势资源和精力突破难点，也就是说在市场的选择和资源的控制上对事业部实行完全放开的政策。但大的方向则由公司统一掌握安排，即华为以人力资源管理委员会、财经管理委员会和产品战略投资综合评审委员会对事业部进行控制。

　　事业部制的成功实施标志着华为组织结构的重大转型——由原来单一的地区公司制向事业部与地区公司结合制转变。

现行华为公司治理概述

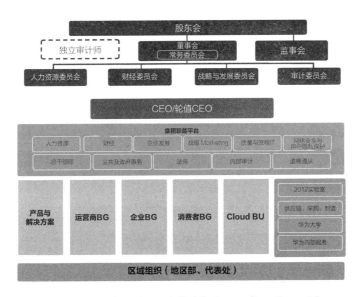

图 3.2　华为公司治理结构（截至 2017 年 12 月 30 日）

　　如图 3.2 所示，股东会是华为公司权力机构，对公司增资、利润分配、选举董事 / 监事等重大事项做出决策；董事会是公司战略、经营管理和客户满意度的最高责任机构，承担带领公司前进的使命，行使公司战略与经营管理决策权，确保客户与股东的利益得到维护。

华为公司董事会及董事会常务委员会由轮值董事长主持，轮值董事长在当值期间是公司最高领袖。

监事会主要职责包括董事／高级管理人员履职监督、公司经营和财务状况监督、合规监督。

自 2000 年起，华为聘用毕马威为独立审计师。审计师负责审计年度财务报表，根据会计准则和审计程序，评估财务报表是否真实和公允，对财务报表发表审计意见。

华为公司设立基于客户、产品和区域三个维度的组织架构，各组织共同为客户创造价值，对公司的财务绩效有效增长、市场竞争力提升和客户满意度负责。

运营商 BG 和企业 BG 是公司分别面向运营商客户和企业／行业客户的解决方案营销、销售及服务的管理和支撑组织，针对不同客户的业务特点和经营规律提供创新、差异化、领先的解决方案，并不断提升公司的行业竞争力和客户满意度；消费者 BG 是公司面向终端产品用户的端到端经营组织，对经营结果、风险、市场竞争力和客户满意度负责。

2017 年，公司成立了 Cloud BU。Cloud BU 是云服务产业端到端管理的经营单元，负责构建云服务竞争力，对云服务的客户满意度和商业成功负责。

产品与解决方案是华为面向运营商及企业／行业客户提供 ICT 融合解决方案的组织，负责产品的规划、开发交付和产品竞争力构建，创造更好的用户体验，支持商业成功。

区域组织是华为的区域经营中心，负责区域的各项资源、能力的建设和有效利用，并负责公司战略在所辖区域的落地。华为公司持续优化区域组织，加大、加快向一线组织授权，指挥权、现场决策权逐渐前移至代表处。目前已在部分国家试行"合同在代表处审结"，以进一步提高效率、更快响应客户需求。区域组织在与客户建立更紧密的联系和伙伴关系、帮助客户实现商业成功的同时，进一步支撑华为健康、可持续发展。

集团职能平台是聚焦业务的支撑、服务和监管的平台，给前方提供及时、准确、有效的服务，在充分向前方授权的同时，加强监管。

第三节　合作筹建地区公司

在事业部已经基本得到华为内部员工的认可之际，华为又花大力气重新筹建了以前就建立了的地区公司。这样做，一方面是坚决贯彻其在《华为公司基本法》中所描述的由纵横两套管理系统叠加在一起组成的矩阵式管理结构，另一方面是因为事业部主要是做专用资源的工作，寻求新的经济增长点，在一定时期内，各事业部都有比较明确的突破和发展方向，而不同地区的市场由于主客观原因的不同，在同一时期所需的业务种类也不尽相同，光凭事业部是很难及时、准确地掌握各地市场的动向，并根据当地的需求在第一时间做出反应的。

为了能够最大限度地抓住各地的市场，做好产品的销售和服务工作，自 1997 年任正非首次提出建立合资公司起，华为先后与铁通（铁道通信信息有限责任公司，现为中国铁通集团有限公司）合资建立北方华为、收购原 102 厂建立四川华为，拉开了华为市场战略布局大幕。此后，华为通过收购、兼并邮电部下属通信设备厂、研究所，在一些具有战略意义的省市与当地邮电、电信部门合作，先后建立起了 10 多家合资公司，其中包括沈阳华为、山东华为、河北华为、天津华为、上海华为、浙江华为、黑龙江华为、安徽华为、云南华为、河南华为及成都华为等合资公司。

作为地区公司前身的合资公司可谓任正非的一个独特创举，对华为的市场开拓和企业形象树立起到了不可替代的重大作用。因为华为合资公司的另一方基本都是各地的邮电系统或直属单位，这是华为打开市场的关键因素，华为通过给合资公司的员工配股，使自己和各地邮电系统的关系更加紧密。

2002 年，上海华为改制，成为华为市场部真正意义上的华东分部（即华为的地区公司）。随后，其他的合资公司也逐步改制，华为的合资公司完成了它的历史使命，演变成现在的地区公司。

为了让地区公司和事业部有交叉但不重合地在各自的领域更好地开展工作，华为在《华为公司基本法》第四十七条中对地区公司的性质和职能特别做了明确的规定："地区公司是按地区划分的、全资或由总公司控股的、具有法人资格的子公司。地区公司在规定的区域市场和事业领域内，充分运用公司分派的资源和尽量调动公司的公共资源寻求发展，对利润承担全部责任。在地区公司负责的区域市场中，总公司及各事业部不与之进行相同事业的竞争。各事业部如有拓展业务的需要，可采取会同或支持地区公司的方式进行。"

地区公司在公司规定的区域市场内有效利用公司的资源开展经营。事业部和地区公司均为利润中心，承担实际利润责任。

可以说，华为地区公司的建立为华为开启了新的销售渠道，也使得华为的组织结构向矩阵式跨国集团化又迈进了一步。

公司的权力结构也是一种矩阵结构，因此永远都不会有稳定的矩阵结构网。当该结构网收缩时，就会叠加起来，意味着华为要精简部门、岗位和人员；扩张时，结构网就会拉开，就要增加部门、岗位和人员。在这一过程中，流程始终能够保持相对稳定的状态。

第四节　从内部培养干部

企业都缺人，发展越快的企业越是如此，如何找到足够的干部？解决之道只有一条：自己培养。华为一直坚持从内部培养干部，任正非亲自制定选材的标准，狠抓人才培养，为华为的可持续发展奠定了坚实的基础。

职场里有这样一群比较特殊的管理者，在任职的公司里，他们并非从基层干起，一步一步走到管理层的位置，而是从其他公司跳入，并且一进来就占据了管理层的位置，大权在握。在中国，这样的管理者有一个很形象的名字——"空降兵"。有统计显示，中国公司的"空降兵阵亡率"高达90%以上。著名管理学家柯林斯认为，伟大的公司都十分推崇"自家长成的经理人"。他发现，18 家伟大的公司在总共长达 1700 年的历史中，只有 4 位 CEO 来自外部。

华为的企业文化是"土狼"文化。狼有三种特征：一是敏锐的嗅觉，二是不屈不挠、奋不顾身的进攻精神，三是群体奋斗。在这种文化中，引进的高层领导者很难融入这种强势文化中，华为内部通过战斗成长起来的创业者也很难接纳外界坐享其成的经理人。因此，华为未来的接班人只能产生于华为内部几近板上钉钉。

1997 年末，任正非去美国访问了休斯公司、IBM、贝尔实验室和惠普公司等世界顶级企业。美国人在技术上的创新精神和创新机制，给任正非留下了非常深刻的印象。但他感触最深的，还是美国企业优良的管理。回国后，任正非撰写了一篇文章《我们向美国人民学习什么》："美国那些与华为差不多规模的公司，产值都在 50 亿美元以上，是华为的 3 ~ 5 倍。华为发展不快，有内部原因，也有外部原因。内部原因是不会管理，而外部原因是从社会上难以招到既有良好素质，又有国际大型高科技企业管理经验的'空降部队'。即使能招到，一人、两人也不行，我们需要一个群体。"

华为这种干部选拔制度，实际上也是对员工的一种激励，即只要在基层认认真真、踏踏实实工作的员工，都有机会晋升为公司的管理层。任正非在一次内部会议上曾对员工这样说："我主张你们在实干中不断提升自己的实际能力，管理能力、对人的团结能力。但是团结要讲原则，要加强原则性的团结。华为公司跨入新世纪以后，需要大量干部的时候，我们还是要在你们中间选拔优秀干部。但是即使有两个不优秀的，他们开后门上去了，不要怕嘛，我们都是有标准的，他干了一段时间干不了那活，他也得下来。一个人优点突出，缺点也会很突出，大家评议他的优点的时候，也常会评议他的缺点。结果这个有缺点，那个有缺点，都上不去。结果找了一个人，嘿，这个人大家都觉得没有意见，上来的却不是人才。怎么防止出现这种情况呢？就是要有多少年的记录，这些年走过的脚印是谁都不能否定和磨灭的。这样我们就能产生一大批优秀的干部。那么一步步记录下来，我们选拔干部的时候一目了然。大家埋怨我们，说我们有时候是'乔太守乱点鸳鸯谱'。你说不点怎么办？8000多人，能认识几个人？要做好调查吗？精力很有限。因此我们现在使用干部的过程中，也缺乏很深刻的依据。我们通过各种管理活动，通过各种管理工作，大家的评价，将大家的活动做个记录，即使没有得奖，我认为也应该记录，只是得奖的人多了1%的退休金。我认为这些记录对你一生的成长是有帮助的，但是，千万不要为功臣所累，不要以为自己是功臣了，就得意忘形了，那好，你就可能栽在这个自满的基础上了。"

由此可见，华为内部培养干部最好的办法就是从基层提拔，因为接受过历练的战士，他们拥有团结合作的默契和统一的做事风格；更重要的是，作为公司的一分子，他们心底里在乎公司，那份对公司的责任心是其他人不可比拟的。哪怕是将一个连长破格提拔为团长，绝大多数情况下也比直接空降一个副师长来当团长强。

说到内部培养干部，有"华为女王"之称号的孙亚芳就是个典型案例。孙亚芳1989年进入华为公司工作，先后担任了市场部工程师、培训中心主任、采购部主任、武汉办事处主任、市场部总裁、人力资源委员会主任、变革管理委员会主任、战略与客户委员会主任、华为大学校长等，1999年出任华为董事长。

1998年前后，华为因为营销战术、股权、贷款等问题颇受外界质疑。心力交瘁的任正非深感公司对外沟通的重要性，因此，提议孙亚芳出任董事长，负责外部沟通与协调，自己则继续担任总裁一职，专攻内部管理。

孙亚芳担任华为董事长，确立了任正非一把手、孙亚芳二把手的高层管理模式，开启了华为"左非右芳"新时代。从此以后，孙亚芳的身影开始出现在华为的许多对外活动上，向来不喜社交的任正非则更加理所当然地退居幕后。

任正非说，孙亚芳的最大功绩是建立了华为市场营销体系。外界评论"孙亚芳口才和风度俱佳，举止优雅，是个外交高手"。而更深层的原因则是，任正非觉得孙亚芳是最"懂"自己的那个人，可堪大任。

孙亚芳在处理公司事务时，充分体现女性的高情商，在华为面临猜疑人心动荡时，她挺身而出，稳定军心；同时她又颇具胆识和魄力，面对强悍如铁的"老板"并不唯命是从。一个雷厉风行，一个和风细雨，组成了华为"芳非"时代的最佳搭档，他们共同带领华为不断经历着风风雨雨，挑战着企业新高度。在中国，恐怕很少有大企业的最高层像任正非、孙亚芳这样，在近20年时间里一直是最佳拍档。直到2018年3月22日，华为正式公布新一届董事会成员，孙亚芳辞任董事长。

而新上任的董事长梁华，也是华为内部培养起来的干部。梁华

1995 年加入华为，历任公司供应链总裁、公司 CFO（Chief Financial Officer，首席财务官）、流程与 IT 管理部总裁、全球技术服务部总裁、审计委员会主任、华为公司监事会主席、首席供应官等职务。

任正非虽然一贯主张从内部培养干部，但同时他也积极学习国外先进的管理方法，引进国际先进的人才任用机制，与华为实际相结合，探索出一条具有华为特色的用人道路。

他曾经说过："我们确定了要自力更生，从自己的队伍里面来培养和选拔干部，但是我们并不排除外来的帮助。大家知道，IBM 公司正在全面充当我们的管理顾问。他们带来了很多好思想、好方法，经过我们消化以后，经过一次培训、二次培训、三次培训以后，我们就慢慢地传播到基层去。"

在华为，几乎所有的高层管理者都不是直升上去的，更没有"空降兵"。任正非在其题为《在实践中培养和选拔干部》的演讲中谈道：

> 是不是外来的"空降部队"就一定不好呢？很多公司的历史经验证明，"空降部队"也是好的，但是其数量绝对不能太大。问题在于我们能不能把这支"空降部队"消化掉。如果不能消化掉，我认为我们公司就没有希望。那么，我们现在有没有消化"空降部队"的能力呢？没有。因为我们每级干部的管理技能和水平实际上都是很差的。
>
> 比如说，从哈佛大学来的几个博士，做的那套东西我们适应不了，结果，我们既没有受到教育，他们也没有发挥作

用。如果我们把他们用到负责岗位上，他们那个指挥系统可能就会搞得一塌糊涂。但是，如果我们不用他们呢，像我们这样的"农民"，何时才能"革命"成功呀。

任正非经常表示："华为要引进丙种球蛋白（丙种球蛋白也叫免疫球蛋白，把特异性抗原物质接种到肌体，人体将产生特异性免疫力）。"他想表达的意思是华为将通过引进外部人才使内部机制保持鲜活。但不少观察家分析认为，尽管任正非意识到引进外来人才的问题，但受华为"集体奋斗"文化的影响，华为的创业者很难接纳外界坐享其成的"空降兵"，华为未来的接班人最终将产生于华为内部。

第五节　举贤不避亲

"举贤不避亲，举亲不避嫌"本来源于一个传统典故：襄公三年，晋国国君问中军尉祁奚谁可做他的接班人，祁奚推举他的仇人解狐，解狐死后，又推举自己的儿子祁午做了继承人。他们的行为成为一段"举贤不避仇、举贤不避亲"的佳话。古之"举贤不避亲"是出于公心，为了推动工作，向组织推荐贤人；现之"举亲为贤"却是出于私心，为自己的亲朋好友谋利益，谋官位。因此，自古以来，对"举贤是否避亲"这种行为的看法就没有统一意见。有的认为"任人唯贤，举才要避亲"，有的认为"举贤不应该避亲"。

在中国的民营企业中，很大部分是家族企业，在企业开创初期，"举贤不避亲"这样的管理方式的确能带给企业相对稳定、成本低等方面的优势。但这样的管理模式也因其先天的不足而让许多企业家避而远之。

王石就是典型的一位，他曾说："对职员的尊重还体现在要给他一个公平竞争的机会，这一点恐怕在中国企业中是最大的问题。古语说'举贤不避亲'，但我认为，在中国企业当中如果要形成一种公平竞争的机制，举贤一定要避亲。

"要讲机会均等，我们中国传统社会叫作'举贤不避亲'，也就是说比较在乎血缘、地缘的关系，中国的新兴企业以家族为纽带，或者是以家乡子弟兵为纽带，这样是很难机会均等的。比如说，如果我有一个亲戚，侄子或者是外甥在万科工作的话，我跟人力资源部说要平等对待他，实际上是不可能的。这还是董事长的外甥，更不要说董事长的女儿在万科了。所以到目前为止，我是做得很极端的，我没有一个亲戚在万科（工作），我们家的姊妹挺多的，我姊妹8个。万科自始至终没有我的亲戚，既没有直系，也没有旁系，没有我的大学同学，没有广州的旧同事，也没有儿时的玩伴。当然我刚才讲了，我做得是比较极端的。讲到这点，如何机会均等，我觉得这是非常重要的。万科走了很多弯路，尤其是我们搞企业的，在产业的选择和结构上，万科走了一条很长的弯路。但是在尊重人上，（万科一直）把人放在最重要的位置，现代企业制度建立后，有些企业已经开始限制夫妻同在一个单位工作了。万科的执行是非常坚决的。企业要求员工入职时要如实申报在公司内是否有亲朋好友，如有，必须声明。"

"举贤避亲"的考虑避免了企业人际关系复杂所带来的管理问题，给职员提供公平竞争的机会，公司内年轻职员完全凭自身能力获得没有天花板的上升空间，而不是靠裙带关系。

但任正非与王石的观点不同，他主张"举贤不避亲"。不过他所言的举贤不避"亲"，具有更广泛的内涵——他所说的"亲"，是指认同华为企业文化的所有人，甚至包括可以被塑造成认同华为企业文化的人。任正非表示："在任人唯贤与任人唯亲相结合的干部制度下，造就一个融洽的管理团队。我们说这个任人唯亲是指认同华为文化，而不是指亲属。对拥有专业技术的新员工，我们要团结爱护他们，放在一定的岗位上使用，而不因他们暂不具有华为文化而歧视他们。"

任人唯贤是指提拔有能力、有贡献的人作为公司的领导。但在华为，仅仅具备能力，有绩效，有良好的销售业绩是不够的，还需要认同公司的价值观，这就是任正非所提倡的任人唯"亲"。显然，任正非所指的任人唯"亲"与传统意义上的任人唯亲在内涵上是有区别的，在华为，只有认同公司企业文化的员工才有可能得到提拔任用。

同时，任正非也对举荐贤人有一定的考核要求。在华为，每位员工都有责任向公司推荐优秀的合格人才，却不主张中层以上干部向公司推荐大学本科以下学历的人员。如果推荐这样的人员，推荐人必须承担连带责任。与此同时，被推荐来的低学历人员，报酬给予最低标准。试用3个月后，经过经营团队讨论通过才可留用，以后每年至少考核一次，如果其成长跟不上公司的发展，即可辞退。

曾是华为公司海外市场创始人和核心主管之一，现为深圳市易特科信息技术公司 CEO 的张贯京在其著作《华为四张脸》中这样记述道："老板对子女和亲属的要求非常严格。老板的子女和亲属在公司不仅平易近人，而且非常低调，甚至隐姓埋名，但是又往往担当着非常重要的职务，使华为看上去完全没有私营企业或者家族企业的影子。

"老板的一个妹妹担任过公司的资金计划部总监和审计部总监；老板的女儿担任过香港华为的财务经理，现在是华为财经管理部副总裁；老板的弟弟担任过公司的行政采购部总监和客户工程部总经理；老板的另一个妹妹担任过公司的出纳部总监。"

在任正非的一双儿女中，女儿孟晚舟同样从基层做起，曾任华为香港公司首席财务官，后来是财务管理部总裁、销售融资与资金管理部总裁等，2018 年 3 月开始担任华为副董事长；而儿子任平早年也在华为市场部等多个部门锻炼，但一直都没有过人表现，后又在华为旗下服务公司慧通任职，负责华为行政和后勤支持业务。除任正非的一双儿女之外，任正非的弟弟任树录、两个妹妹、若干嫡亲等都在华为公司担任要职。有道是，举贤不避亲，不是说有血缘关系就一定得"饿死"，就一定不能进入华为，就一定不能占据关键岗位。

第六节　轮值制度勾画接班蓝图

2018 年 3 月，华为举行了第三届持股员工代表会会议，公布了新一届董事会人选，孙亚芳辞任董事长，监事会原主席梁华接任；任正非卸任副董事长，孟晚舟接任。同时，华为轮值 CEO 制度在这届董事会后终止，改用轮值董事长来管理公司，由前轮值 CEO 郭平、徐直军、胡厚崑依次担任。值得注意的是，任正非的女儿孟晚舟首次担任副董事长，排名在三位轮值 CEO 之后，这似乎已经初步勾勒出华为未来的接班蓝图。

不会让家人接班

华为的接班人问题一直是一个非常神秘的问题。正如电信咨询公司 Frost & Sullivan（弗若斯特 & 沙利文公司）中国区总经理王煜全所说的："没有人能接任正非的班，能在华为树立起像任正非那样的威信。"

实际上，1995 年华为刚刚度过艰苦的创业期时，任正非就已经在考虑接班人的问题了。华为接班人问题的第一次提出，是以增强企业竞争力为目标的"制度建设副产品"的形式出现的。那时候任正非刚过 50 岁，他当时考虑的也许并不是自己的接班人，而是如何建立一个让能力和价值观可以完整复制，人力资本不断增值的覆盖整个公司人力资源体系的接班人制度，这就是所谓"群体接班"思想产生的基础。

在华为，每个员工都可以成为接班人。接班人是广义的，不是高层领导下台产生接班人，而是每时、每刻、每件事、每个岗位、每条流程都发生这种交替行为。每个岗位旁边都有人盯着，你不行，人家上，这叫"全员接班制"。任正非通过这样的做法，把危机意识和压力传递到每一个员工，通过无依赖的压力传递，使内部机制永远处于激活状态。

1997 年年底，任正非曾说："希望华为能够出现 100 个郑宝用，100 个李一男。"

其背后的含义，是希望华为通过群体成长的方式，摆脱对个别人的依赖，这其中当然包括他本人。《华为公司基本法》的初衷是要培养接班人，实现个人到组织的超越。

在"接班人"问题上，与同为中国电子百强"翘楚"的联想相比，华为显然走在了后面，在 2001 年，57 岁的柳传志已将权杖交给 38 岁的杨元庆，自己退居幕后，完成了高层权力的过渡。

然而至今为止，任正非却仍未有一个明显的继承者。一般而言，培养一个合格的企业接班人需要数年甚至数十年的时间，即便在那些以稳健著称的大公司，姗姗来迟的接班人计划也往往会给公司带来不必要的内耗和动荡。1944 年出生的任正非，今年（2018 年）已经 74 岁了，今后谁能从他手上接过华为的权杖，成为外界最为关心的话题之一。任正非多年来一直对企业的各级接班人提出两点最基本的要求：一是要认同华为的核心价值观，二是要具备自我批判精神。也就是既要坚持原则，也要不断自省，在"否定之否定"中实现创造性的发展。

2013 年 5 月，任正非在内部讲话中谈及接班人问题，明确表示自己的家人永远不会进入接班人的序列。

2014 年 6 月 16 日，任正非在出席华为"蓝血十杰"管理人员表彰大会之后，首次接受国内媒体采访，再次开诚布公地谈到了华为接班人问题。他重申了不会将华为接班人交给自己的家人："华为公司接班机制已经在网上讲很多了，徐直军也在媒体上说过了，华为接班人是太多了，不是太少了。但有一点明确，我的所有家人永远不会接这个班，（这是）为避免外界的猜测、舆论的猜测、内部的猜测，搞乱了公司。"

轮值 CEO 制度

华为的轮值 CEO 制度是由 EMT 演变而来的。2003 年下半年，基于建立集体决策机制和培养接班人双重考虑，任正非在 IBM 顾问的帮助之下建立了 EMT，由 8 位 EMT 成员集体决策，轮流执政，每人半年。2001 年，轮值 CEO 制度正式形成。

华为可能采取"群体接班"方式。实际上这种猜测的基础是华为的股权结构。根据 2010 年 4 月华为对外公开的股权结构显示，截至 2009 年 12 月 31 日，华为控股的股东包括深圳市华为投资控股有限公司工会委员会和任正非，前者的持股比例为 98.58%，任正非持股 1.42%。任正非曾在早年间就提及："使企业从必然王国走向自由王国，建立起比较合理的管理机制……慢慢地淡化企业家对企业的直接控制。"正是基于这样的思想，华为建立了著名的华为员工持股会 EMT。

EMT 在华为具有最高决策权。观察人士就此猜测此举是由任正非的个人意志主导向"群体接班"转变的一种铺垫。

　　据《军人总裁任正非》一书的记载，华为成立了日常最高决策层 EMT，由孙亚芳董事长、任正非总裁以及 6 位分管不同领域的副总裁组成，构成群体决策的民主机构，并推行了"轮值主席"制，由不同的副总裁轮流执政，每月定期商讨公司战略决策。EMT 团队具有最高决策权，作为总裁的任正非也只是执行其决议。华为开始从任正非个人主导型的管理模式走向 EMT 的管理模式，华为新的使命与战略已经开始摆脱任正非的个人意志，体现出 EMT 团队的意志与价值诉求，更加具有全球视野和国际化思维，变得更加开放、兼容。华为 EMT 成员大都低调而沉稳，在华为内部，"接班人"的话题也就此淡化。

　　这种制度的最大好处在于，组织的整体性得到最大限度的保障。有员工评价华为的这种制度，就像每个人都是这个庞大机器里的一颗螺丝钉，你的离去与否对这个机器的运转不会带来任何影响，随时会有合适的人接替你的岗位。所以这种制度从某种意义上保证了华为在动荡的外部环境里，一直高速前进而不会受到任何内部的干扰。

　　同样，EMT 的决策轮岗制度也充分保证了华为贴近市场，提高了决策力。这种制度是趋于扁平化的管理模式，减少了传统管理金字塔架构所导致的管理层和一线、市场脱节，同时降低了个体的决策权力，增加了群体的决策力量，从而提高了公司一般决策的执行力。当然这种轮值制度也会降低部门间的沟通成本，提高团队协调的能力，培养了潜在的高层领导者。可以肯定地说，华为的发展得益于这种"头狼"文化所演变而成的轮岗制度。

深淘滩，低作堰

—— 任正非在运作与交付体系奋斗表彰大会上的讲话

"深淘滩，低作堰"是李冰父子 2000 多年前留给我们的深刻管理理念。巴比伦空中花园，罗马水渠、澡堂，已荡然无存，而都江堰仍然在灌溉造福成都平原。为什么？

李冰留下"深淘滩，低作堰"的治堰准则，是都江堰长生不衰的主要"诀窍"。其中蕴含的智慧和道理，远远超出了治水本身。华为公司若想长存，这些准则也是适用于我们的。深淘滩，就是不断地挖掘内部潜力，降低运作成本，为客户提供更有价值的服务。客户决不肯为你的光鲜以及高额的福利，多付出一分钱的。我们的任何渴望，除了用努力工作获外，别指望天上掉馅饼。公司短期的不理智的福利政策，就是饮鸩止渴。低作堰，就是节制自己的贪欲，自己留存的利润低一些，多让利一些给客户，以及善待上游供应商。将来的竞争就是一条产业链与另一条产业链的竞争。从上游到下游的产业链的整体强健，就是华为生存之本。物竞天择，适者生存。

我们从一个小公司脱胎而来，小公司的习气还残留在我们身上。

我们的员工也受二十年来公司早期的习惯势力的影响，自己的思维与操作还不能完全职业化。这些都是我们管理优化的阻力。什么是职业化？就是在同一时间、同样的条件，做同样的事的成本更低，这就是职业化。但市场竞争，对手优化了，你不优化，留给你的就是死亡。思科在创新上的能力，爱立信在内部管理上的水平，我们现在还是远远赶不上的。我们要缩短这些差距，必须持续地改良我们的管理；不缩短差距，客户就会抛离我们。我们面对金融危机，要有管理改进的迫切性，但也要沉着冷静，减少盲目性。我们不能因短期救急或短期受益，而做长期后悔的事。不能一边救今天的火，一边埋明天的雷。管理改革要继续坚持从实用的目的出发，达到适用的目的。在管理改进中，要继续坚持遵循"七反对"的原则：坚决反对完美主义，坚决反对烦琐哲学，坚决反对盲目的创新，坚决反对没有全局效益提升的局部优化，坚决反对没有全局观的干部主导变革，坚决反对没有业务实践经验的人参加变革，坚决反对没有充分论证的流程进行实用。

我们不要忌讳我们的病灶，要敢于改革一切不适应及时、准确、优质、低成本实现端到端服务的东西。公司的运作虽然这些年已从粗放的运作，有了较大的进步。但面对未来市场发展趋缓，要更多地从管理进步中要效益。我们从来就不主张较大幅度的变革，而主张不断地改良，我们现在仍然要耐得住性子，谋定而后动。

"投标，合同签订，交付，开票，回款"是贯穿公司运作的主业务流，承载着公司主要的物流和资金流。针对这个主业务流的流程化组织建设和管理系统的建设，是我们长期的任务。由于我们从小公司走来，相比业界西方公司，我们一直处于较低水平，运作与交付上的交叉、不衔接、重复低效、全流程不顺畅现象还较为严重。DSO（销售变现天数）、ITO（库存周转率）较业界同行还有较大差距，库存、资金周转的改善和E2E（端到端）的成本降低有很大的改进空间，是公司运作上"深淘滩、低作堰"的主战场，另一个业务流IPD是设计中构筑成本优势的主战场。

西方的职业化，是从一百多年的市场变革中总结出来的，它这样做最有效率。穿上西装，打上领带，并非是为了好看。我们学习它，并非是完全僵化的照搬，难道穿上中山装就不行？我们20年来，有自己成功的东西，我们要善于总结出来，我们为什么成功，以后怎样持续成功，再将这些管理哲学的理念，用西方的方法规范，使之标准化、基线化，有利于广为传播与掌握并善用之，培养各级干部，适应工作。只有这样，我们才不是一个僵化的西方样板，而是一个有活的灵魂的、管理有效的企业。看西方在中国的企业成功的不多，就是照搬了西方的管理而"水土不服"。一个企业活的灵魂，就是坚持因地制宜、实事求是。这两条要领的表示，就是不断提升效率。

我们从杂乱的行政管制中走过来，依靠功能组织进行管理的方法虽然在弱化，但以流程化管理的内涵还不够丰富。流程的上、下游还没有有效"拉通"，基于流程化工作对象的管理体系还不很完善。组织行为还不能达到可重复、可预期、可持续、值得信赖的程度。人们还习惯看官大官小的指令来确定搬道岔。以前还出现过可笑的工号文化。工作组是从行政管制走向流程管制的一种过渡形式，它对打破部门墙有一定好处，但它对破坏流程化建设有更大的坏处。而我们工作组"满天飞"，流程化组织变成了一个资源池，这样下去我们能建设成现代化管理体系吗？一般而言，工作组人数逐步减少的地方，流程化的建设与运作就比较成熟。

我们要清醒地认识到，面对未来的风险，我们只能用规则的确定来对付结果的不确定。只有这样，我们才能随心所欲，不逾矩，才能在发展中获得自由。任何事物都有对立统一的两面，管理上的灰色，是我们的生命之树。我们要深刻地理解开放、妥协、灰度，深刻理解"深淘滩，低作堰"带给我们的启迪。智慧的光辉，将千秋万代永不熄灭。

我们要继续发扬艰苦朴素的工作作风、英勇奋斗的牺牲精神，敢于自我批判，勇于改正自己的不足，天将降大任于斯人也。

（选自《管理优化》第 331 期）

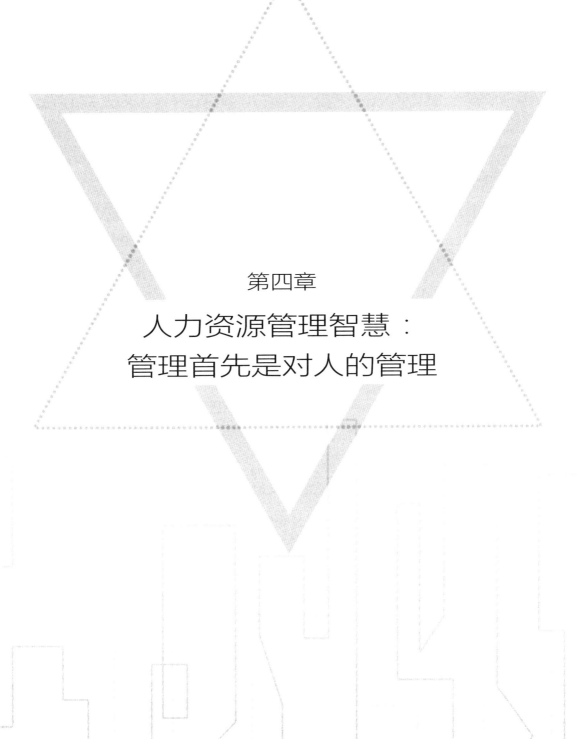

第四章

人力资源管理智慧：
管理首先是对人的管理

人力资源管理，从本质上讲，是对人性的管理，其前提是对人性本质的深刻洞察。华为形成一套成熟有效的人力资源管理体系，折射出企业独特的管理智慧。

在过去 30 年的发展过程中，华为对人力资源的管理长期保持关注，形成了人力资源管理的基本哲学，构建了与国际接轨的、具有华为特色的人力资源管理体系。华为的发展实践证明，这些人力资源管理智慧和管理体系是卓有成效的，值得信赖和借鉴。

第一节　末位淘汰制

末位淘汰制是绩效考核的一种制度。末位淘汰制是指工作单位根据本单位的总体目标和具体目标，结合各个岗位的实际情况，设定一定的考核指标体系，以此指标体系为标准对员工进行考核，根据考核的结果对得分靠后的员工进行淘汰的绩效管理制度。末位淘汰制的作用：一方面末位淘汰制有积极的作用，从客观上推动了职工的工作积极性、精简机构等；另一方面末位淘汰制也有消极的方面，如有损人格尊严、过于残酷等。

对"末位淘汰"最经典的解释是 GE（美国通用电气公司）前 CEO 杰克·韦尔奇所推崇的"活力曲线"（Vitality Curve）。在 GE，每年各级经理要对自己部门的员工进行严格的评估和区分，从而产生 20% 的明星员工（A 类），70% 的活力员工（B 类）以及 10% 的落后员工（C 类），通常表现最差的员工都必须走人。就是这样一年又一年的区分与淘汰提升了整个组织的层次，这也就是韦尔奇所称的"造就一个伟大组织的全部秘密"。

任正非非常认同韦尔奇的"活力曲线"，他说："有人问，末位淘汰制实行到什么时候为止？借用 GE 的一句话来说是，末位淘汰是永不停止的，只有淘汰不优秀的员工，才能把整个组织激活。GE 活了 100 多年的长寿秘诀就是'活力曲线'。活力曲线其实就是一条强制淘汰曲线，用韦尔奇的话讲，活力曲线能够使一个大公司时刻保持着小公司的活力。GE 活到今天得益于这个方法，我们公司在这个问题上也不是一个三五年的短期行为。但我们也不会急于草草率率对人评价不负责任，这件事要耐着性子做。"

末位淘汰制是一种强势管理，旨在给予员工一定的压力，激发他们的积极性，通过有力的竞争使整个单位处于一种积极上进的状态，进而提高工作的效率和部门效益。在华为这样一个重视清除沉淀层的企业，自然十分重视"末位淘汰"。

任正非曾在一次内部讲话中指示："每年华为要保持 5% 的自然淘汰率。"这在华为内部被称为"末位淘汰制"。

"末位淘汰制"与"裁员"有着本质区别，前者是为了激励员工，使他们觉醒，不要落后于时代，后者主要是企业为了摆脱包袱，迫不得已而采取的手段。前者过滤的是一些无法接受挑战，或不愿做出改变的人，后者很多时候是一刀切。

给华为带来了活力

在华为，实施末位淘汰与其要求员工要保持强烈的危机意识，目的是一致的。"华为的危机，以及萎缩、破产是一定会来到的"，任正非在他那篇著名的《华为的冬天》中如是说。而当觉察到这种萎缩就要到来时，保持每年5%的自然淘汰率比进行裁员更有利于华为的人员管理。

任正非认为通过淘汰5%的落后分子能促进全体员工努力前进，让员工更有危机感，更有紧迫意识。员工为了不被淘汰，就必须不断地提高自己，调整自己，以适应公司的要求和发展形势。而这种能上能下、有进有出的竞争机制也给华为带来了活力。任正非在其文章《能工巧匠是我们企业的宝贵财富》中写道："由于市场和产品已经发生了结构上的大改变，现在有一些人员已经不能适应这种改变了，我们要把一些人裁掉，换一批人。因此每一个员工都要调整自己，尽快适应公司的发展，使自己跟上公司的步伐，不被淘汰。只要你是一个很勤劳、认真负责的员工，我们都会想办法帮你调整工作岗位，不让你被辞退，我们还在尽可能的情况下保护你。但是我们认为这种保护的能力已经越来越弱了，虽然从总的形势来看华为公司还是好的，但入关的钟声已经敲响，再把公司当成天堂，我们根本就不可能活下去。因为没有人来保证我们在市场上是常胜将军。"

对于被排在末位的员工，对于不能吃苦受累的员工，任正非的态度非常坚决：裁掉走人。在 2002 年的《迎接挑战，苦练内功，迎接春天的到来》一文中，任正非说道："排在后面的还是要请他走的。在上海办事处时，上海的用户服务主任跟我说，他们的人多为独生子女，挺娇气的。我说独生子女回去找你妈妈去，我们送你上火车，再给你买张火车票，你回去找你妈去。我不是你爹也不是你妈。各位，只要你怕苦、怕累，就裁掉你，就走人。"

有利于干部队伍建设

对于"老资格"的干部，任正非同样实施着严格的淘汰制度，他说："我们非常多的高级干部都在说空话，说话都不落到实处，'上有好者，下必甚焉'，因此产生了更大一批说大话、空话的干部。现在我们就开始考核这些说大话、空话的干部，实践这把尺子，一定能让他们扎扎实实干下去，我相信我们的淘汰机制一定能建立起来。"

在任正非看来，末位淘汰制度有利于干部队伍建设，可以让员工更有效地监督领导干部，使领导干部有压力，更好地运用权力，使清廉而有能力的干部得到应有的晋升。华为实行干部末位淘汰制，其目的也是在干部中引进竞争的机制，增强干部的危机意识。

作为一个庞大的集团，华为要想始终保持高速运转的状态，就必须构建一支优秀的管理队伍。因此，在华为，不管员工以前做过多么大的贡献，都不会享受干部终身制，而是坚持干部末位淘汰制度，建立良性的新陈代谢机制，不间断地引进一批批优秀员工，形成源源不断的干部后备资源；开放中高层岗位，引进具有国际化运作经验的高级人才，加快干部队伍国际化进程。

消灭泡沫化，提高人均效益

虽然有些人认为华为的末位淘汰机制过于残酷，使员工缺乏安全感，也不符合人性化的管理思想。但任正非认为，实行末位淘汰制还是有好处的，是利大于弊的。任正非在华为例会上说道：

事实上我们公司也存在泡沫化。如果当年我们不去跟随泡沫，当时就会死掉；跟随了泡沫，未来可能也会死掉。我们消灭泡沫化的措施是什么？就是提高人均效益。队伍不能闲下来，一闲下来就会生锈，就像不能打仗时才去建设队伍一样。不能因为现在合同少了，大家就坐在那里等合同，要用创造性的思维方式来加快发展。军队的方式是一日生活制度、一日养成教育，就是要通过平时的训练养成打仗的时候服从命令的习惯和纪律。如何在市场低潮期间培育出一支强劲的队伍来，这是市场系统一个很大的命题。要强化绩效考核管理，实行末位淘汰，裁掉后进员工，激活整个队伍。

实行末位淘汰，走掉一些落后的员工，也是有利于保护优秀的员工，我们要激活整个组织。大家都说美国的将军很年轻，其实了解了西点的军官培训体系和军衔的晋升制度就会知道，通往将军之路，就是艰难困苦之路，西点军校就是坚定不移地贯彻末位淘汰的制度。

　　一位已经离职的员工表示，"末位淘汰制"受到相当程度员工的诟病，为了达到5%的末位淘汰硬性指标，华为公司内部一些部门的确有可能利用公司规则漏洞淘汰一些根基不深的新员工。

　　但一位在华为工作了6年的老员工刘先生（化名）表示，虽然他离开华为已经5年了，但对末位淘汰制依然持肯定态度。刘先生说，被裁掉的人一般有两种：一种是无法接受华为的企业文化，没法适应快节奏、高压力、常加班；另一种是在华为待的时间长了，工作的能力和积极性下降，工作效率达不到要求。

　　需要注意的是，末位淘汰制度有多种形式。如果末位淘汰的结果是将处于末位的劳动者调离某一职位，换一个岗位后工作，或者对处于末位的劳动者进行培训后再工作。这种形式的末位淘汰制度就不违反我国的《劳动法》。如果根据考核排名的结果直接把处于末位的员工从岗位上辞退，则是违反《劳动法》的。

　　事实上，华为那些被淘汰下来的员工并不完全是被解雇，有一部分可以进行再培训，或选择"内部创业"。《华为公司基本法》这样规定："利用内部劳动力市场的竞争与淘汰机制，建立例行的员工解聘和辞退程序。"除此之外，《华为公司基本法》还规定："公司在经济不景气时期……启用自动降薪制度，避免过度裁员与人才流失，确保公司渡过难关。"

　　可以看出，华为虽然一直在执行末位淘汰，但其原则正如任正非所言，目的在于提高人均效益，打造一支善于冲锋陷阵、无往而不胜的"铁军"。

　　华为的国际对手思科同样是利用末位淘汰制来使员工保持一贯

的激情。思科的中国区前总裁杜家滨在接受媒体采访时说道："我们当然是希望大家都能够做到最好，但如果自己不愿意进步，不能保持激情，我们怎么能期望他有为客户服务的良好状态呢？待得越长的员工越要想办法调动他的积极性，使他愿意去付出更多的努力。

"我们公司有从上至下的末位淘汰制，每一季度都有。是换岗还是走人看具体情况。新人与旧人的区别就是，新人可能对新岗位有好奇心，有愿意做好的愿望，而旧人可能面对同样的问题敏感度不高了，或者是因为其他原因不愿意去付出更多，这就是换岗的意义之一。对于那些做得不好的人，我们的原则是一定要给他换岗位，如果一个人在某个岗位上有了相当多的经验，把他换走对公司也会有一定的影响，就要慎重，但是从个人发展的角度看，我们要帮助员工成长，要帮助他们达到一个新的里程碑。"

第二节　消除"沉淀层"

华为文化本质上是"蓝血绩效文化"，带有军事化与校园文化的组织文化特征，强调业绩导向与执行，强调"上甘岭上出干部"，强调"谁最有业绩，谁最有资源分配权、发言权"。这种文化实际上是把外部竞争的压力转化为企业内部的竞争力，不断激活沉淀层，从而形成了华为"三高"的文化氛围——高压力、高绩效、高回报。

在任正非看来，一个组织时间久了，老员工收益不错、地位稳固，就会渐渐地沉淀下去，成为一团不再运动的固体：拿着高工资、不干活。因此任正非爱"搞运动"，他认为，让企业保持激活状态非常重要。任正非在其题为《华为的红旗到底能打多久》的演讲中谈到："公司在经济不景气时期，以及事业成长暂时受挫阶段，或根据事业发展需要，启用自动降薪制度，避免过度裁员与人才流失，确保公司渡过难关。其真实目的在于，不断地向员工的太平意识宣战。"

市场部集体大辞职

1995 年，随着自主开发的 C&C08 交换机占据国内市场，华为的年度销售额达到 15 亿元人民币，华为结束了以代理销售为主要盈利模式的创业期，进入了高速发展阶段。创业期涌现的一批管理"干部"，许多已经无法跟上企业快速发展的需要，管理水平低下的问题，成为制约公司继续发展的瓶颈。任正非选择的方式是所谓的"集体辞职"。

1995 年，任正非以一篇题为《目前形势与我们的任务》的万言报告，拉开了内部整训工作的序幕。会议期间，所有市场部的正职干部都要向公司提交两份报告，一份是 1995 年的工作述职，另一份就是辞职报告。

递交辞职报告的当天，任正非又专门做了动员讲话："为了明天，我们必须修正今天。你们的集体辞职，表现了大无畏的毫无自私自利之心的精神，你们将光照华为的历史！"

随后，时任分管市场的华为副总裁孙亚芳做了集体辞职的激情演说。当市场部代表宣读完辞职书的时候，会场气氛达到了高潮，许多人眼含泪水走向主席台，抒发自己的感受，台下则有人带头喊起了口号："前进，华为！前进，华为！"整训工作会议历时整整一个月，接下来就是竞聘上岗答辩，华为根据个人实际表现、发展潜力及华为发展需要进行选拔。

在这场运动中，市场部总裁毛生江也没能幸免。据《华为教父任正非》一书介绍："毛生江刚进入华为不久，就担任了销售 C&C08 交换机的开发项目经理，参加研发，之后转做市场。他跟人谈的第一桩生意是东北第一台容量超过两万门的交换机项目，合同金额是 1000 万元人民币。1995 年 11 月，毛生江开始担任市场部代总裁。这个突然的决定，意味着他辛勤经营的成果将有可能付诸东流。刚开始，他无法接受，但经过短痛之后，他重振精神，一切从零开始，开始'脱胎换骨'。2000 年 1 月 18 日，毛生江被任命为华为执行副总裁。

"任正非有一句话：'烧不死的鸟才是凤凰。'华为许多人私下里都称毛生江为'毛凤凰'或者'毛人风'，有位高层领导曾开玩笑问毛生江：'你是不是一只烧不死的鸟？'当时身心俱疲的毛生江回答：'世界上根本就没有烧不死的鸟。'2002 年，毛生江辞职，到尚阳科技担任负责市场营销的副总裁。"

2000 年，任正非在"集体辞职"4 周年纪念讲话中，对以孙亚芳为首的那次历史事件给予了高度的评价："市场部集体大辞职，对构建公司今天和未来的影响是极其深刻和远大的。任何一个民族，任何一个组织如果没有新陈代谢，生命就会停止。如果我们顾全每位功臣的历史，那么就会葬送公司的前途。如果没有市场部集体大辞职所带来对华为公司文化的影响，任何先进的管理，先进的体系在华为都无法生根。"

庆龙作为华为一位老员工，经历了市场部集体大辞职，他在2000年回顾这段经历时由衷地说："市场部集体大辞职已经过去整整4年了，但是震撼人心的事件总是让人难以忘怀，当时激荡人心的场景仍历历在目，那发自肺腑的表白至今依然记忆犹新。说我们毫不在乎是不真实的，革命从来就没有温文尔雅的，革自己的命更是如此。刚开始时，我也有一些想不通，离开了我最热爱的市场前线，到我不熟悉的后方，一时间真有些找不着北的感觉。但在当时，既然迈出了这一步，也就没有了太多的想法，最基本的想法可能就是服从公司、服从组织，主动学习，从头再来。今天，当我再回过头去，看到的是自己不断进步的足迹，对大辞职的意义也有了新的认识，与其说当年的集体大辞职是服从公司、服从组织的需要，倒不如感谢公司及时给了我们这些老员工一个非常好的学习机会。'不识庐山真面目，只缘身在此山中'，我们在一个岗位上做久了，难免会有一些惯性思维，使我们戴上有色眼镜，经过岗位轮换，不仅汲取了方方面面的新知识，也拓宽了视野，解放了思想，改变了固有的思维方式。以前是'井底之蛙'，看到的是一小片天，现在视野变宽了，思考、分析问题更加注重全局、整体，更加关注长期效益，这种经历是我终生难得的财富，思想的解放使我受益匪浅。当年我放弃了一棵树，现在我得到的是一整片森林！"

当年的市场部集体大辞职开创了华为制度化让贤的先河，拉开了华为干部能上能下的序幕。通过岗位轮换，不仅锻炼了老员工，也培养了新的生力军，更为重要的是这种精神影响了一批又一批的后来者。干部能上能下、岗位轮换等观念已经深入人心，为广大员工所认可。这一事件也被业内视为企业在转型时期顺利实现"新老接替"的经典案例。

7000 人集体辞职事件

　　2007 年 11 月初，新《劳动合同法》实施的前夕，华为出台了一条关于劳动合同的新规定：华为公司包括"一把手"任正非在内的所有工作满 8 年的华为员工，在 2008 年元旦之前，都要先后主动办理辞职手续（即先"主动辞职"后"竞业上岗"），再与公司签订 1～3 年的劳动合同。所有自愿离职的员工将获得华为相应的补偿，补偿方案为"N+1"模式（N 为员工在华为连续工作的工作年限）。该方案 2007 年 9 月已获通过，2007 年 10 月前华为公司先分批次与员工私下沟通取得共识，2007 年 10 月至 11 月底为方案实施阶段。可是，在各方面的压力下，华为又自行终止了辞职与再续聘方案。在达成自愿辞职共识之后，再竞争上岗，与公司签订新的劳动合同，工作岗位基本不变，薪酬略有上升。

　　这一规定立刻遭遇媒体的轰击，各方谴责声一片。大家认为，华为此举是为了花大钱"买断工龄"。于 2008 年元旦实行的《劳动合同法》中规定，企业要和工龄 10 年以上的员工签订"无固定期限劳动合同"。这条规定显然与华为强调"保持激情""危机意识""来去自由"的企业文化相左。新《劳动合同法》规定的"无固定期限合同工"一项，是有些需要进一步解释的地方。毕竟"铁饭碗"一直禁锢了中国经济发展很多年，毕竟中国企业至今还没有全部从"铁饭碗"中解放出来。一朝被蛇咬，十年怕井绳。"铁饭碗"统治了中国几十年，"以厂为家"在突出主人公作用的同时，也豢养了懒汉，至今还是某些国企无效率经营的托辞，在这时候，推出"无固定期限合同工"，是有些别扭。华为的做法发出一个明确的信号，公司不是家。

华为否认此次人事改革是针对当时即将实施的《劳动合同法》，而是出于战略调整的需要，旨在打破"小富即安"的思想，唤醒员工的"狼性"，提升企业的竞争力。当时华为快速发展，员工人数迅猛增长到 7 万余人。但在扩张的过程中，也积累了一些问题。华为希望通过辞职再竞岗，唤醒员工的血性，为公司注入新的活力。

2007 年 11 月，《IT 经理世界》资深记者冀勇庆在接受搜狐采访时说道："我了解的情况和媒体报道出入不大，这不是华为简单规避新《劳动合同法》，新《劳动合同法》是一个诱因，华为早就有人力资源调整方面的需求，这跟通信行业大环境有关。这几年电信行业竞争越来越激烈，特别是大的电信运营商出现大的合并浪潮，由此造成上游电信设备商日子越来越不好过。这两年诺基亚、西门子、阿尔卡特和朗讯都在做并购，并购之后的日子也不好过，并购后厂商利润也在下滑。没有参加并购，如爱立信这样的公司最近公布了季报，日子也不好过，也出现利润大幅度下滑。

"回到华为来看，华为现在同样面临这样一个问题。我们看华为最近财报的数据，华为去年（2006 年）合同销售额达到 110 亿美元，销售收入达到 85 亿美元，净利润 5 亿多美元，它的收入是在快速增长，但是我们看到它的利润率却在大幅度下降。近 4 年来，从 2003 年开始，华为的毛利率是 53%，2004 年下降到 50%，2005 年下降到 41%，2006 年只有 36%，下降得非常厉害。在这样一种情况下，华为面临着怎样进行调整的问题，除了开源，加大国际市场开拓力度，另外一方面就是要节流。华为从去年开始进行定岗定薪，很多员工重新开始在公司内部调整职位，这种调整在华为实际已经进行了一到两年时间。只不过这次新颁布的《劳动合同法》进一步促进华为对公司内部结构的调整，我是这么认为的。"

华为内部通告透露，此次人事变革并非如外界所传是"强制性"的，而是允许员工进行二次自愿选择。华为称，不排除有些员工是出于"从大流"的心理而做出"辞职"决定，因此提出这部分员工可以再次做出自愿选择的建议：他们可以退出"N+1"补偿，同时领回原来的工卡、使用原来的工号。事实上，到最后，没有任何员工提出要退回"N+1"经济补偿、领回原来的工卡、使用原来的工号。

备受关注的华为"辞职门"事件在 2007 年 12 月底终于落幕，华为人力资源部 2007 年 12 月 24 日向华为全体员工发布的一份《关于近期公司人力资源变革的情况通告》显示，在华为"7000 人集体辞职事件"中，有着 1 号工号的任正非也率先向董事会提出了退休申请，在 11 月份得到了董事会的批准。不过，经过董事会的挽留和协商，任正非被返聘继续担任 CEO 的职务，并从 12 月 14 日开始重新上任。除了任正非提出退休申请之外，华为资料显示，还有 93 名各级主管，尤其是部分中高级主管自愿降职降薪聘用。

根据华为的通告显示，这次大辞职事件总共涉及 6687 名高、中级干部和员工。最后的结果是，6581 名员工已完成重新签约上岗，38 名员工自愿选择了退休或病休，52 名员工因个人原因自愿离开公司寻求自己其他的发展空间，16 名员工因绩效及岗位胜任等原因离开公司。

这份通告将此次事件总结定性为"7000 人人事变革事件"，并称这将与"1996 年市场部集体大辞职""2003 年 IT 冬天时部分干部自愿降薪"一样，永载华为史册。

谈到在社会上引起广泛关注的华为裁员问题，中华全国总工会法律工作部部长刘继臣表示，媒体对此进行报道后，全国总工会立即责成广东省总工会和深圳市总工会了解此事。"华为事件"的确在贯彻新《劳动合同法》方面造成一些负面影响，但是现在根据各方掌握的情况，华为可能有其特殊性，因为目前职工没有提出这方面的意见，辞职后又重新上岗的职工没有提出过多反对意见，另外，他们拿的补偿金比较高。

"辞职后，我又成功应聘上岗，与公司重新签订了 3 年的合同。"刘先生在接受《IT 时代周刊》采访时这样告诉记者。刘先生是这次辞职员工中的一个，竞岗成功后，在职位和待遇上都沿用了老合同，此外还获得了近 20 万元人民币的补偿。不同的是代表员工的工号改变了，合同的甲方也变成了华为技术。

2007 年 12 月，华为员工老钱在接受《北京晨报》采访时说道："好像大家都在拿华为竞聘返岗说事儿，到底好不好，只有我们亲自参与的职工最清楚。"2007 年 12 月，刚从香港度假回深圳的老钱如是说。老钱 1998 年进入华为，如今是一个不折不扣的"老人"。从 2007 年 11 月中旬开始，他拿到公司给的 20 万元人民币补偿，之后利用 20 天带薪假期去香港、澳门逛了一大圈。"我去香港给妻子买了一堆化妆品和新衣服，给孩子买了索尼新款游戏机，给自己买了一台佳能的专业相机。如果是在辞职前，我没这个闲钱，更没时间。"老钱说。跟他一样辞职返岗的员工基本都获得数额不菲的补偿，重新获得相应的岗位，很多人还升了职。

即使离开了华为，有在华为的工作资历，在深圳找份新工作并不难。

任正非称，这次薪酬制度改革重点是按责任与贡献付酬，而不是按资历付酬。根据岗位责任和贡献付出，确定每个岗位的工资级别；员工匹配上岗，获得相应的工资待遇；员工岗位调整了，工资待遇随之调整。人力资源改革，受益最大的是那些有奋斗精神、勇于承担责任、冲锋在前并做出贡献的员工；受鞭策的是那些安于现状、不思进取、躺在功劳簿上睡大觉的员工。老员工如果懈怠了、不努力奋斗了，其岗位会被调整，待遇也会被调整下来。公司希望通过薪酬制度改革，鼓励员工在未来的国际化拓展中持续努力奋斗，不让雷锋吃亏。

《南方都市报》资深评论员侯梅新曾在其文章中这样写道："光是靠招进优秀毕业生还不足以形成企业竞争力，否则中国政府将是全球最佳，世界上大概没有哪个国家像中国考公务员竞争那么激烈。华为对员工从基本技能培训到领导力、执行力的培养都有独到之处。

一个经验丰富的员工显然比刚走出校门的毕业生工作能力强得多，所以重视招聘的华为更重视维系在职员工的忠诚度。但是，像虚拟股份、以工号记资历等措施，也造成部分老员工滋生惰性丧失创新激情。适逢新《劳动合同法》推出，华为遂顺势而为，用人事震荡来刺激一下老员工。"

"华为走到今天，靠的是这种奋斗精神和内部一种永远处于激活状态的机制。"华为在声明中表示，正是因为这些员工绝大多数是华为持股员工，所以都支持企业保持持续的创造力和活力。

华为认为"产粮区开始从发展中国家覆盖到发达国家"，面临着非常好的发展时期，同时，行业洗牌和友商重整给华为提供了难得的发展机会。华为认为，未来几年也将决定华为 20 多年来艰苦奋斗的成果是否会付之东流。"自 2002 年以来，公司为了避免濒于崩溃，系统性地进行了一系列内部管理机制和人力资源的变革，其目的就是提升竞争活力，适应外部这种压力和挑战，构筑面向未来可持续发展的基础。"华为称，这次人事变革的主因是华为已经进入了竞争最为激烈的国际市场腹地，在全球化拓展中，干部培养和选拔问题日益突出，因此制定并推行了三权分立的干部管理制度等措施。

第三节　轮岗制

2005 年 4 月，段爱国带着一颗年轻和不安分的心，从电子科技大学毕业后走进了梦想中的华为。2015 年年底，他在北非 A5 代表处代表岗位上又接到新的任命，调回深圳研发体系，担任传送网产品线波分领域总经理。从波分网络设计助理工程师、光网络行销产品经理、代表处网络主管、产品副代表、产品代表到传送网产品线波分领域总经理，这是段爱国在华为 10 多年的征途；深圳 2 年、西欧 7 年、北非 2 年，先后常驻 6 个国家，再调回深圳，他通过华为平台见识过很不一样的世界。

段爱国在华为拥有不同工作岗位的丰富经历，恰恰是众多华为人的共同经历，那是因为华为将轮岗制作为员工和管理层职业发展计划的重要组成部分。

企业为什么要进行轮岗？企业建立轮岗制度，大多出于何种动机？

第一，培养人才。

一家企业要想高速运转，各个部门就一定要协作配合。而在现实当中，各部门因扯皮产生内耗是几乎所有企业常有的事。轮岗则可以使经理人亲身体验一下其他部门的工作，从而站在更高、更广阔的角度上思考问题，形成换位思考，最终成为战略性人才，并培养了各部门的协作精神。

第二，控制风险。

控制风险是为了防止企业内部滋生小团体而采取的措施。高管在某一固定位置上待久了，周围就很可能滋生各种复杂的相关利益群体。在一个职位上工作时间过长的高管容易把该职位当成自己的领地，团队内部做起事情来有时候就不按公司的规定办事，而是按该高管的规则办事，"占山为王"以及由此滋生的腐败现象将很难避免。

第三，变相淘汰。

对于那些能力不足，但是与企业文化比较融合的人，不如给他一次轮岗的机会。一方面，可以给他一个找到挖掘潜能的机会；另一方面，如果他真的不适应企业要求，也可以让他就此退出。而对于那些垄断资源，对企业有威胁的人才，轮岗也是一种有效而温和的"削藩"手段，如果不接受轮岗或无法适应新岗位，企业就可以顺理成章地将其清除。

"轮岗制"是华为实行的一种体验式的快速学习方式。华为干部轮换有两种：一是业务轮换，如让研发人员去搞中试、生产、服务，使他真正理解什么叫作商品；另一种是岗位轮换，即让高、中级干部的职务发生变动。

任正非认为，职务变动有利于公司管理技巧的传播，形成均衡发展，同时有利于优秀干部快速成长。

任正非主张高层干部要下基层，要在实践中增长才干，其中一个重要的保证，就是实行干部轮岗制。任正非表示："干部循环和轮流不是一个短期行为，是一个长期行为。华为会逐步使内部劳动力市场逐渐走向规范化，要加强这种循环流动和培训，以在螺旋式中提升自己。"

几乎所有华为员工都有轮岗的经历，一般华为员工工作 1～2 年后就要换一个岗位，还有比这更频繁的。"轮岗制"不仅有平级向上晋升，还有降级轮换的，甚至很多人都是从副总裁被直接任命为办事处主任的。如果没有一套健全的调节机制作保障，干部队伍可能会因此而乱掉，正常的工作部署也会七零八落。这种看似残酷的培训方式成为华为培养后备人才行之有效的途径之一。同时，对于个人来讲，无论是升迁还是降级，都是人生的一笔财富。

这样频繁地进行岗位调动，首先是因为华为公司近些年来业务的急速发展，人员数量扩张得非常厉害，而且因为招聘的员工基本是大学应届毕业生，根本无法知道谁在什么岗位上是最合适的，所以"轮岗"制度可以使员工各得其所。对于那些已经在华为工作了几年的老员工而言，若不实行轮岗制，可能有的员工会想，来公司已经好几年了，除了向目前的方向发展之外，我还有什么样的发展空间呢？我还有什么样的能力呢？

其次，华为的管理者看到企业部门与部门、人与人之间的信息交流和相互协作出现了问题。用企业员工自己的话说就是"总部一些制定政策的部门不了解一线客户需求，出台的政策很难执行，瞎指挥""服务部门和事业部有隔阂，话说不到一块儿去"。没有切身的体会是很难做到换位思考的，轮岗制正是解决这个问题的良药。

同样，在岗位上已经工作了一段时间的员工进入一个新的领域其实并不困难。华为在考虑了员工的学习能力和工作表现后，会让他进入一个崭新的岗位，本来在机关从事管理的岗位，突然换到市场部从事一线销售的也大有人在。这样做更多的是华为希望员工通过丰富的职业经验来拓宽他们的职业视野以及事业发展的宽度。

正如上海交大人力资源研究所颜世富教授所说："人像动物一样具有喜新厌旧的本能，任何工作，干的时间一长，就可能感到厌倦、无聊。企业有意识地安排职工轮换做不同的工作，可以给员工带来工作的新鲜感、新奇感，调动员工的工作积极性，可以让员工取得多种技能，同时也挖掘了各职位最合适的人才。"华为轮岗制的优势如图 4.1 所示。

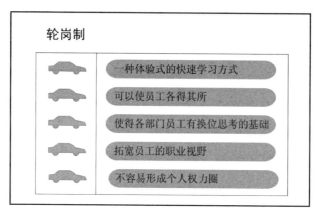

图 4.1 华为轮岗制的优势

最初提出岗位轮换的是华为前副总裁李一男，他当时给任正非写了一个报告，建议高层领导一年一换，这样不容易形成个人权力圈，造成公司发展整体不平衡。这个建议得到了任正非的认可，并立即在华为推广开来。

企业实施高管轮岗的原因很多，但总结起来不外乎出于三个方面的考虑：高管急于突破职业天花板、为企业培养综合型管理人才、减小内耗和防止腐败。华为的每一位主管几乎都有轮岗、换岗的经历，调换工作地点或者部门对他们来说很平常。而调换的原因可能因为业绩不佳，需要更合适的人选来替代；也可能因为干部的业绩太好，调换到新的岗位可以把好的经验加以推广；更可能没有任何理由。因为任正非希望通过干部强制轮岗，鼓励管理者积累多项业务的管理经验，并促进部门之间、业务流程各环节之间的协调配合，同时制度化和经常化的轮岗，也有利于激活团队。

任正非在其题为《华为的红旗到底能打多久》的内部演讲中说道：

我们的干部轮换有两种：一是业务轮换，如研发人员去搞中试、生产、服务，使他真正理解什么叫作商品，那么他才能成为高层资深技术人员，如果没有相关经验，他就不能叫资深。因此，"资深"两字就控制了他，使他要朝这个方向努力。另一种是岗位轮换，让高、中级干部的职务发生变动，一是有利公司管理技巧的传播，形成均衡发展，二是有利于优秀干部快速成长。

去年（2000 年）我们动员了 200 多个硕士到售后服务系统去锻炼。我们是怎样动员的呢？我们说，跨世纪的网络营销专家、技术专家要从现场工程师中选拔，另外，凡是到现场的人工资比中研部高 500 元人民币。1 年后，他们有的分流到各种岗位上去，有的留下做了维修专家。他们有实践经验，在各种岗位上进步很快，又推动新的员工投入这种循环。这种技术、业务、管理的循环都把优良的东西带到基层去了。

为加强研发市场驱动机制的运作，充分理解客户的需求，促进人才在华为内部的轮换和流动，华为每年都要派一些研发干部去市场，让那些一直在实验室里与设备打交道的科研人员到市场一线，直接接触客户。

华为干部能上能下、几起几落是司空见惯的事。几乎所有的高层管理者都不是直升上去的，今年你是部门总裁，明年可能就成了区域办事处主任，后年可能又到海外开拓新的市场。

在华为的岗位轮换上，华为前执行副总裁毛生江的职业经历很具有代表性。他从 1992 年进入华为，到 2000 年升任集团执行副总裁，8 年时间，他的工作岗位横跨了 8 个部门，职位也随之高高低低地变动了 8 次：1992 年 12 月任项目组经理；1993 年 5 月任开发部副经理、副总工程师；1993 年 11 月任生产部总经理；1995 年 11 月调任市场部代总裁；1996 年 5 月，任终端事业部总经理；1997 年 1 月任华为通信副总裁；1998 年 7 月任山东代表处代表、山东华为总经理；2000 年 1 月，被任命为华为执行副总裁。

毛生江曾这样说道："人生常常有不止一条起跑线，不会有永远的成功，也不会有永远的失败，但自己多年坚持一个准则——既然选择，就要履行责任，不管职责如何变迁，不管岗位如何变化，'责任'两字的真正含义没变。"

段爱国刚入职时是一名助理工程师，外派到西欧工作 7 年，从助理工程师升任为代表处产品副代表，他感慨地说："从青涩青年到收获被泪水洗刷过的成长和成熟，从个人英雄到能带领团队一起作战，从只身前往到带着老婆、孩子幸福离开，我不负青春。"

随着公司的发展，华为的岗位轮换制日益成熟起来，它促使员工和干部掌握多种技能，以适应环境的变化；同时避免了因在某一岗位任职时间太长，从而形成官僚主义、利益圈等弊病。

华为通过岗位调换实现了人力资源的合理配置和潜力的激活，促进了人才的合理流动，使人力资本的价值发挥到最大。

如果员工在某个岗位感觉不是得心应手，华为会允许他再重新选择一个他认为更合适的岗位，当然华为也提倡"干一行，爱一行"。为防止基层员工随意转岗，任正非指示有关部门，那些已经转岗和以后还要转岗的基层员工，如果不能达到新岗位的使用标准，而原工作岗位已由合格员工替代的，建议各部门先劝退，各部门不能在自己的流程中，有多余的冗积和沉淀，华为每年轮岗的人数不得超过总数的17%。他警告说，哪一个部门的干部工作效率不高，应由这一个部门的一把手负责任。

俗语说："铁打的营盘流水的兵"，但如果让员工在企业内部流动，这句话就可以反过来说成"流水兵铸就铁打营盘"了。

华为前副总裁、人力资源部总监张建国表示："一个人在一个岗位干的时间长了，就会有惰性，产生习惯思维。但是到了新的岗位以后，会激活他的思想，大家一般都会想表现得好一些，所以在新岗位的积极性也会很高。工作几年以后，人到了一个舒适区，也就很难有创新了，所以一定要有岗位的轮换。在华为，没有一线工作经验的不能当科长。新毕业的大学生一定要去做销售员，做生产工人，你干得好就提上来。"

轮岗已成为企业培养人才的一种有效方式，很多成功的公司如IBM、西门子等都已经在公司内部或跨国分公司之间建立了岗位轮换制度。

第四节　任职资格管理体系

任正非的管理名作《华为的冬天》，其实是他在科级以上干部大会上讲解《2001 年十大管理工作要点》的发言。十大管理工作要点中的第四点，就是"任职资格及虚拟利润法是推进公司合理评价干部的有序、有效的制度。我们要坚定不移地继续推行任职资格管理制度。只有这样，才能改变过去的评价蒙估状态，才会使有贡献、有责任心的人尽快成长起来。激励机制要有利于公司核心竞争力战略的全面展开，也要有利于近期核心竞争力的不断增长"。

那么，什么是任职资格管理？任职资格管理制度的好处是什么？制定这一制度的背景又是什么呢？

任职资格是指在特定的工作领域内，根据任职标准，对工作人员工作活动能力的证明，是按照各职位绩效标准完成工作任务所必须具备的能力。换言之，任职资格是从事某一工作的任职者所必须具备的知识、经验、技能、素质和行为的总和，它是对工作人员在特定的工作领域内活动能力的证明。

任职资格管理是根据企业战略管理目标和企业经营管理的需要，对员工的工作能力和工作行为进行的系统管理。任职资格管理是企业人力资源管理中的重要环节，它不仅与人力资源管理战略密切相关，而且与员工招聘录用、薪酬管理、绩效管理、员工职业生涯设计以及员工培训等人力资源板块密切相关，并为后者提供了基础性的支持依据。

1998 年之前，华为提拔干部的主要方式有两种：火线提拔和因功提拔。火线提拔靠"伯乐"慧眼识英才，所选拔的干部侧重于业务方面，对企业文化的认同和综合素质方面的考核较少。因功提拔按照贡献大小，提拔那些在开拓市场、研发技术方面有重大贡献的人。然而，管理者除了专业特长，更需要的是协调能力、运筹帷幄的能力、处理危机的应变能力等多方面的素质。因此，这两种提拔方式都存在着弊端。

任正非清楚地了解传统提拔方式的弊端，曾于 1998 年在《不做昙花一现的英雄》一文中写道："前些年，由于快速的发展，我们提拔了很多人，在当时犯了'乔太守乱点鸳鸯谱'的错误，并不是我们选拔的所有干部都合乎科学的管理规律。因此，一定要把任职资格的工作扎扎实实做到底，争取在 3 ~ 5 年内形成自己的合理制度。这样，公司就有了生存下去的希望。"

其实，任正非所提到的任职资格管理来源于英国国家职业资格制度。从 1994 年开始，中英两国政府在职业资格证书制度方面展开合作。原劳动部和英国文化委员会是中英合作项目的执行单位。在项目执行过程中，原劳动部曾组团赴英，对英国的 NVQ（National Vocational Qualification，国家职业资格证书）制度进行了深入考察和研究。1997 年，中英双方首先在华为和北京外企服务总公司，开展了引进英国 NVQ 文秘（行政管理）职业标准体系及其考评技术的试点。

在那一年，时任华为人力资源部总监的张建国就与原劳动部官员一起去英国学习、考察劳动技能资格认证。在考察中，张建国发现，久负盛名的英国 NVQ 企业行政管理资格认证并非徒有虚名。在欧洲的巨头企业中，NVQ 管理体系涵盖了所有职业，从办公室文员到经理甚至公司总裁，所需的所有技能和知识层次都做了详细规定，每个级别都有实际工作中该级别所需的知识和能力以及在工作中所负的责任和拥有的权利。

更重要的是，NVQ 管理体系已经为国际社会所认可，通过这套体系完全可以解决员工的职业发展问题，而且能极大地促进员工的积极性。因此，张建国决定将异国的 NVQ 管理体系搬到华为来。

华 为 自 1998 年 开 始 引 进 NVQ，其 间 经 历 了 三 个 阶 段：1996 ~ 1998 年，在关注行为规范化的基础上，在部分职类试行任职资格管理；1998 ~ 2001 年，建立开发任职资格标准，并对员工进行任职资格认证；从 2001 年开始，将认证结果与人力资源其他模块相结合。这是一个将国外的职业资格体系改造成企业任职资格体系的成功案例。

华为的资深管理顾问吴春波介绍，在华为的任职资格管理体系中，包含以下几个关键要素和环节：

1.划分任职资格等级体系。

华为任职资格管理体系包括技术任职资格、营销任职资格、专业任职资格和管理任职资格。共分 6 级，每级又分 4 等，即职业等、普通等、基础等、预备等，并形成了详细的任职资格标准体系。比如，作为一个销售人员，应该具备信息收集、产品知识、项目管理和影响力等几项技能。那么，从一级向二级晋升时，他会非常明确自己应该在哪些方面学习和提高。这是知识分子自我管理的路径设定。

2. 构建职业发展通道。

任职资格与职位相结合，为员工提供了职业发展通道。通过任职资格管理的牵引，形成管理和专业／技术两条职业发展通道。企业要建设一支强大的技术及业务专家队伍，引导优秀员工在擅长的领域追求卓越、精益求精，在核心业务能力上形成长期聚焦和持续积累的氛围和组织行为，以避免由于职业发展通道的单一，出现"官导向"和千军万马同挤独木桥的现象发生。华为的职业发展双通道如图 4.2 所示：

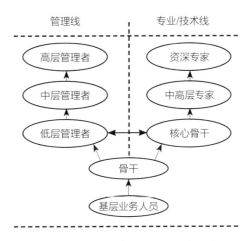

图 4.2　基于任职资格的职业发展通道

3. 建立任职资格标准。

任职资格标准是基于岗位责任和要求，对该岗位上长期综合绩效优秀的员工的成功行为和能力要素进行归纳的评价指南。标准开发源于业务发展和职位责任，不同级别的标准应有明显的区分，并能够引导员工持续改进任职能力。它包括基本条件、核心标准和参考项三部分。其中，核心标准是主体，包括必备知识、行为、技能和素质。每一个标准又包含诸多单元、要素和标准项。

4. 任职资格认证。

任职资格认证是指为证明申请人是否具有相应任职资格标准而进行的鉴定活动，包括计划、取证、判断、反馈、记录结论等。任职资格认证是认证员和申请人充分合作并帮助申请人达到任职资格标准的过程。

相同工作性质（职类）的人员要按照统一的标准接受程序公正的认证，以促进认证结果的客观性，真实反映自身持续贡献的任职能力。

任职资格认证经过申请（个人或主管推荐）、基本条件审核、自评、主管或评议小组认证评议、公司批准、结果反馈几个环节，确保认证程序的公正和透明。

5. 任职资格结果的应用。

任职资格认证结果的应用包括：作为培训需求的重要来源，培训体系根据各类别任职资格标准的要求，进行课程体系建设；作为职位说明书中任职要求的补充和细化，用于在招聘中参考确定拟聘职位的考察标准；指导员工日常工作的改进。

任职资格认证结果是评判员工岗位胜任程度的重要因素之一，但不直接影响员工职位晋升或薪酬提升。

针对具体岗位的认证将有助于员工获得更多的任用机会。任职资格是人员选拔、职位晋升、岗位调配和任命管理的必要条件。

各级主管应根据认证复核过程中提出的改进点，指导员工制订改进计划、参加培训及相关锻炼；合理地分配工作任务，有针对性地对员工进行辅导。

由此可见，任职资格管理的意义在于，它具有：镜子作用，照出自己的问题；尺子作用，量出与标准的差距；梯子作用，知道自己该往什么方向发展和努力；驾照作用，有新的岗位了，便可以应聘相应职位。这种透明的机制，能不牵引员工主动向上学习吗？

华为的任职资格体系其实是总结提炼出最有价值的经验，形成了一套标准化的、可复制的模板。这标志着华为已从经营人才的企业转向经营知识的企业。

第五节　华为员工持股计划

"在华为深圳总部的一间密室里，有一个玻璃橱柜，里面放了10本蓝色的册子。这些册子有助于回答一个困扰美国政府的问题：谁是这家中国大型电信设备企业的真正所有者？这些厚达数厘米的册子里记录着约80000名员工的姓名、身份证号码以及其他个人信息。华为表示，根据一项'员工股票期权计划'，册中的员工持有公司约99%的股份。"这是英国《金融时报》记者在2014年春天的一篇报道中所描写的情况。在参观华为深圳总部的过程中，该报记者翻阅了记录着华为股权结构的簿册，记者在翻阅数千页的记录时发现，绝大多数员工的持股量为数万股，而极少一部分人的持股量达到了数百万股。相邻的一个房间里则存放着股份授予合同。

此次翻阅是华为董事会首席秘书江西生允许的。向外国记者首次展示持股簿册，是华为所做的一次透明化努力，目的是反驳有关华为在股权问题上一直不够透明的批评。

那么，华为员工持股计划是怎么一路走过来的呢？

华为员工持股制度始于 1990 年，当时，华为刚刚成立 3 年，资金相当紧张，而民营企业融资又非常困难。因此，实行员工持股成为内部集资、克服企业发展资金瓶颈的良策。虽说华为在创业之初就实行的是高薪策略，但那些高薪员工的工资并没有拿到手，每个月只能拿到一半的现金，另一半只是记在账上，成为白条。

在当时的股权管理规定中，将其明确为员工集资行为，当时参股的价格为每股 10 元人民币，以税后利润的 15％作为股权分红。2000 年之前，华为还设有一个内部职工银行，其目的也是为了解决融资困难的问题，只是后来由于国家明令禁止而撤销。

由于华为自始至终实行的是高薪策略，随着华为公司规模的扩大，发到员工手里的钱是越来越多，而员工如果不是急需，留下那么多钱也没有多少用。再加上华为员工工作压力大，根本没有时间去做些炒股、炒楼的投资，钱也只是存在银行。而这笔钱对于资金密集型的通信设备企业来说，又是有实用价值的，因此当华为遇到资金紧张的时候，就会想起利用华为人的这笔钱。

华为的资深管理顾问吴春波对华为员工持股计划的演变过程做过一段详细介绍："1990 年是探索阶段。基于任正非的分享意愿，是一种潜意识的，自发形成的，一种朴素的员工持股计划。当时没有想到制度设计，也不是学哪一个企业做员工持股计划。1997 年是规范阶段。基本特征是工会代持。2001 年是重新设计阶段，虚拟饱和受限制，创始人与工会共持，借鉴了国外员工持股计划的理念和实践，是华为员工持股计划的第一次顶层设计。"

华为员工持股计划的特点包括：

1. 普惠制，员工持股人数庞大；

2. 性质上属于"虚拟受限股"；

3. 员工出钱购股，持股员工要付出成本；

4. 饱和持股；

5. 高分红，低股价，保留与回购；

6. 所有者持股比例低，但不影响其控制力；

7. 持续地优化。

当华为又启动了尘封多年的内部股权融资时，就证明华为的资金又遇到了问题。2003 年，华为因为大举推进国际化进程，资金再度紧张，于是华为向企业内部各个层级的广大主管和骨干推出了 MBO（管理层收购）计划，大规模地给核心骨干配股。据《IT 时代周刊》特约记者李侃分析，华为大规模地给核心骨干配股的主要目的有两个：一是向银行申请股权抵押的贷款额度，缓解华为当前由于 3G 业务推迟所带来的资金紧张问题；二是将股权向新的骨干核心层倾斜，通过 3 年的锁定期，稳定核心员工队伍，共同度过这段困难时期。华为在将来通过净资产增值、股权分红等方式，将利益分配给员工。这样，既可以有效降低华为的资产负债率，又可以让员工一起承担部分经营风险。作为一种力度强大的激励措施，华为 MBO 的最大目的就是通过 3 年的锁定期稳定核心员工队伍，共同度过困难时期。至此，任正非在现金流问题上终于找到了另一条更为从容、更为有效的解决途径。

2008 年 12 月，从华为内部多位员工处证实，华为完成新一轮大规模内部员工配股。虽然在华为内部，员工配股并不是一件新鲜事，但此次规模之大、融资金额之高在华为历史上仍属少见。据华为内部人士透露，此次配股的股票价格为每股 4.04 元人民币，年利率为逾 6%，涉及范围几乎包括了所有在华为工作时间一年以上的员工。当时华为的公开资料显示，华为员工总数为 8.75 万人，如果按照参与人数为 8 万人计算，此次内部融资总额在 70 亿元人民币左右。

这次的配股方式与以往类似，如果员工没有足够的资金实力直接用现金向公司购买股票，华为以公司名义向深圳的银行为员工提供担保，银行向员工发放"助业贷款"，员工只需要在银行的文件上签字，就可以完成整个股票认购过程。

以下为笔者根据网络信息收集到的华为虚拟股票历年分红的回报：

2010 年每股分红 2.98 元；2011 年每股分红 1.46 元人民币；2012 年每股分红 1.41 元人民币，分红收益率 26.01%；2013 年华为公司股票的定价为每股 5.42 元人民币，每股分红 1.47 元人民币，增值 0.24 元人民币，分红收益率 27.10%；2014 年，股价每股 5.66 元人民币，每股分红 1.90 元人民币，增值 0.24 元人民币，分红收益率 33.6%；2015 年，股价每股 5.90 元人民币，每股分红 1.95 元人民币，增值 0.91 元人民币，分红收益率 33.1%；2016 年，股价每股 6.81 元人民币，每股分红 1.53 元人民币，增值 1.03 元人民币，分红收益率

22.5%。从 2012 年到 2016 年这 5 年，每年华为公司股票分红收益率均超过 20%，华为持股员工分享到了企业成长的巨大财富。

2018 年 2 月 5 日，华为公司内部发布了《关于 2017 年度虚拟受限股每股分红预测值的通知》。通知显示，预计 2017 年度工会虚拟受限股每股收益约为人民币 2.83 元人民币，虚拟受限股每股现金分红为人民币 1.02 元。但并不是所有华为员工都能持股和分红，外界有说法称，分配股份的员工通常需要在 15 级以上，当年的业绩考核要达到 A 和 B＋。应届本科和硕士研究生入职华为通常为 13 级到 14 级，博士生通常为 15 级，应届生工作满 1 ~ 3 年后，符合业绩考核的才能配股，一般在 5 万至 10 万股，若按照此次的价格计算，税前总分红在 14 万 ~ 28 万元人民币之间。华为一位 20 级的老员工，大概有 100 万股。按照 2017 年的分红价格，100 万股能获得 283 万元人民币的税前总分红。不过有媒体报道称，20 级及以上的员工在华为中极少。

从人力资源的角度，我们去理解员工持股计划，它不仅仅是激励，还是约束，因为，相互握手是一种承诺，是一种诚信，更是一种约束。《华为公司基本法》里提出："我们实行员工持股制度，一方面，普惠认同华为的模范员工，结成公司与员工的利益与命运共同体；另一方面，将不断地使最有责任心与才能的人进入公司的中坚层。"

华为之所以能够成功实践员工持股计划的一个重要原因是，华为建立了一套科学而完善的评价体系，华为的评价体系实际上为股份分配建立起客观的依据。没有评价体系，要搞员工持股计划是很可怕的一件事，因为没有评价体系作基础，最后员工持股计划的依据无非就是工龄、年龄、学历、职务和资历。很多企业搞员工持股计划没有取得实际效果，最大的一个陷阱就是缺乏评价体系。

任总谈干部任免：
"茶壶里的饺子，我们是不承认的！"

管理干部是一个组织发展的中坚力量，干部队伍的好坏将直接决定一个组织能走多远。任正非认为，品德与作风是干部的资格底线，要严防说小话、拨弄是非、背后随意议论人的人进入干部队伍，对腐败的干部必须清除，绝不迁就。

任正非总结华为干部必备的四种能力（华为干部四力模型）：理解力、执行力、决断力、人际连接能力。

但仅有良好的素质，并不代表就是一个好干部。"茶壶里的饺子，我们是不承认的"，任正非认为，绩效才是干部的分水岭，只有那些在实际工作中已经取得了突出绩效，且绩效考核横向排名前25%的员工，才能进入干部选拔流程。

任正非还有的观点就是，"华为的接班人，还必须有简化管理的能力"，这一点似乎更难，但对现阶段的华为来说，会显得更为重要。

以下为任正非关于干部行为标准的主要观点：

一、品德与作风是干部的资格底线

我们要防止片面地认识任人唯贤，不是说有很高的业务素质就是贤人，有很高的思想品德的人才是真正的贤人。任人唯亲是指认同我们的文化，而不是指血统。我们要旗帜鲜明地用我们的文化要求干部，高、中级干部品德是最重要的。腐败的干部必须清除，绝不迁就，绝不动摇。如果我们今天不注重对优秀干部的培养，我们就是罪人。对干部要严格要求，今天对他们严格，就是明天对他们的爱。

提拔干部要看政治品德。真正看清政治品德是很难的，但先看这人说不说小话，拨不拨弄是非，是不是背后随意议论人，这是容易看清的。（说小话、拨弄是非、背后随意议论人）这种人是小人，是小人的人政治品德一定不好，一定要防止这些人进入我们的干部队伍。茶余饭后，议论别人，尽管是事实，也说明议论者政治不严肃，不严肃的人怎可以当干部？如果议论的内容不是事实，议论者本人就是小人。

对人的选拔，德非常重要。要让千里马跑起来，先给予充分信任，在跑的过程中进行指导、修正。

从中层到高层品德是第一位的，从基层到中层才能是第一位的，选拔人的标准是变化的，在选拔人才中重视长远战略性建设。

在选拔中高层干部的过程中，要把干部个人品德看得高于一切。遵守纪律，有高的道德情操，忠于公司、忠于集体利益才是我们选拔的重要基础，而不能唯才是举，不能唯才选择。

审查干部的标准第一位是品德，敢于到艰苦地区工作、敢吃苦耐劳、敢于承担责任等也是品德的一部分，不光老实是品德，品德的含义是广泛的，要优先选择品德好的人做我们的干部。历史上太平盛世时期的变法大多数都失败了，特别是王安石，他选拔的干部大都是投机、吃里扒外的干部，后来就是这些干部埋葬了他的变法。所以我们在太平盛世主要要选择品德好的人上岗，才能保证公司的长治久安。

行政管理团队主要是管人，心理素质不好的人和生活作风有欠缺的人，都不要进入行政管理团队，他们可以做普通管理干部或业务专家。

二、绩效是必要条件和分水岭，茶壶里的饺子我们不承认

企业不是按一个人的知识来确定收入，而是以他拥有的知识的贡献度来确定的。我们强调使用一个干部时，不要考虑他的标记，不能按他的知识来使用，我们必须要按如承担责任、他的能力、他的贡献等素质来考核干部，不是形而上学，唯学历。

评价一个人，提拔一个人，不能仅仅看素质这个软标准，还要客观地看绩效和结果。德的评价跟领导的个人喜好和对事物认识的局限性有很大关系。绩效和结果是实实在在的，是客观的。所有的高层干部，都是有职责和结果要求的，在有结果的情况下，再看你怎么做的，关键行为中是否表现出你有高素质。

我认为关键事件行为过程考核同样是很重要的考核，但不是一个关键事件行为就决定一个人的一生。对一个人的考核要多次、多环考核。不要把关键事件行为过程考核与责任结果导向对立起来。责任结果不好的人，哪来的关键事件。

我们的待遇体系强调贡献，以及以实现持续贡献的能力来评定薪酬、奖励。有领袖能力、能团结团队的人，是可以多给予一些工作机会，

他们只有在新的机会中做出贡献，才考虑晋升或奖励。不能考虑此人有潜力时，放宽他的薪酬。茶壶里的饺子，我们是不承认的。

所有要提拔的管理干部一定要有好的实践结果。好的结果不一定就是销售额，不要因为我们水平低，事事都以销售额为导向，反倒怪罪以结果为导向的正确评价体系。

三、领导力素质是干部带领团队持续取得高绩效的关键行为

我们推行能力主义是不是有问题？是不是还要将责任与服务作为价值评价依据？你有能力，但没有完成责任，没有达到服务要求，我们就不能给予你肯定，给予你高待遇。我曾多次批评中研部，在价值评价上有问题，老是在技术上给予肯定，而不在管理上给予肯定。

在管理上不予肯定，你怎么能够肯定更改一个螺丝钉、一根线条就应给予高待遇？如果更改一个螺丝钉、一根线条不给予高待遇，而对那些别出心裁，只做出一点东西没有突出贡献的员工，你却认为他能力很强，给予他高待遇，这种颠倒的价值评价就必将导致我们公司成本增加，效益下降。

高级管理者把素质看得重一些，基层把绩效看得重一些，绩效是硬指标，看绩效一般不会有大的偏差；而素质是软指标，很容易造成误会。

在管理干部的要求上，高级干部与低级干部的素质要求又很不一样，低级干部要求的绩效很高，高级干部要求的素质很高，将来要求我们的专业技术人员的时候就应该片面化，主要强调担负职务那一部分，而不是全面的。管理干部的综合素质适当要求高一点。

对高、中级干部，尤其是高级干部要逐步试行关键行为过程考核，以提高高、中级干部的领导能力和影响力，充分发挥组织的力量。

我们要选拔培养的是对公司忠诚、艰苦奋斗、绩效结果和在关键事件考核中突出的优秀骨干。"素质"这个词容易被理解为教育学历、知识技能等，不要在文件中使用，以免在层层传达中造成误导。文件中可使用"持续表现出来的关键行为"这个词组，明确是在以往工作中已持续表现出来的关键行为，是通过绩效结果表现出来的能力。

正确理解绩效、领导力和干部选拔的关系：

1.绩效不仅仅是销售额，还是员工在本岗位担负责任的有效产出和结果。

2.领导力素质是干部带领团队持续取得高绩效的关键行为，是员工和各级干部追求进步的方向和自我学习、自我修炼的路标。

3.绩效、领导力素质与干部选拔的关系是有果必有因，有因未必有果，因就是领导力素质，果就是绩效。有绩效就必有产生绩效的原因，这原因可能是领导力素质，也可能是其他（如偶然因素、领导力素质未覆盖的其他素质），因此有绩效未必能成为干部，还要看他是否具备领导力素质。另一方面，具备领导力素质未必能取得高绩效，因为领导力素质是不完全归纳，不可能全覆盖成功的所有要素，因此不具有可逆性。

评价一个人是否具备领导力素质是通过实践和关键事件过程行为考核来证明的。因此我们不能用不完全的、主观的、不确定的方法来选拔干部。而绩效和成功经验是客观存在的，应该可以作为干部选拔的基础；但由于也有偶然性，故还需评价其是否具备领导力素质。只有在有绩效的前提下，再具备领导力素质的员工才能成为干部。也就是说干部选拔应以客观事实为主，主观评价为辅。

我归纳起来产生三方面的能力，即：成功的决断力、正确的执行力、准确的理解力。仅具备准确的理解力，适合在机关做干部；具备正确的执行力，可以做个部门的副职；具备成功的决断力的干部可以做部门的一把手。

华为干部四力模型：理解力、执行力、决断力、人际连接能力。

以干部四力为核心标准，强调从成功实践经验中挑选干部，同时加强对干部的末位淘汰。

理解力、决断力、执行力，我们选拔干部主要是这三个标准。理解力就是说，一个干部，他都听不懂你在讲什么，那怎么去执行，怎么能做好呢？第二个就是要加强中层干部的执行力，高级干部要有决断力。后来增加了人际连接能力，成了四力。

有了这四力，你才会有团队协作、意志力。决策力是通过关键事件行为考核的，包括理解能力、执行能力和人际能力，都是在关键事件行为中考核的。不是你来考试，而完全都是通过他过去的关键行为来考核。

想做一个好的领导者、管理者，你要拓展阅读面、视野，要看清行业的变化，才能规范好内部的行为。眼睛只看内部，忙着规范内部的行为，规范完了就淘汰了，为什么？因为不适应未来的变化。所以我强调视野很重要。视野不完全来自经验，还要来自学习。

我们现在的战略领袖还是太具体化，没有结构化。美国动不动就冒出一个技术上的战略领袖，短时间内就称霸世界。我们公司现在有非常多又年轻又优秀的作战将领，大家要开放思想，开放视野，对华为公司在世界上如何结构性地成功提出建议，而不是只把目光盯着一个具体战役的成功，否则你到不了战略专家、战略领袖的层次。我们要向美国学习，向西方公司学习，他们关注的更多不是具体的事，而是全球格局的事。

华为的接班人，除了以前我们讲过的视野、品格、意志要求之外，还要具备对价值评价的高瞻远瞩和驾驭商业生态环境的能力。华为的接班人，要具有全球市场格局的视野，交易、服务目标执行的能力，以及对新技术与客户需求的深刻理解，而且具有不故步自封的能力。华为的接班人，还必须有简化管理的能力。

（来源：华夏基石 e洞察、蓝血研究）

第五章

市场运营智慧：
农村包围城市

华为无论开拓国内市场还是开拓国际市场，都是采用"农村包围城市"的先易后难策略。20世纪80年代，国内市场是"七国八制"的天下，跨国巨头们以傲慢的姿态，在中国市场上高价倾销产品的同时，也享受着市场征服者的快感。华为开始自主研发交换机及设备，并且采取"农村包围城市"的战略——采取人海战术，覆盖农村市场，攻城略地，迅速崛起，并使国内通信设备价格直线下降。

为何选择"农村包围城市"的战略呢？从技术水平看，创业不久的华为还难以与国际一流企业在发达国家市场竞争；从政治关系看，南南合作成本低于南北合作；从企业战略看，华为产品和模式的直接推广有利于资本积累，符合华为"生存是底线"的思想。

华为凭借低价优势进入大的发展中国家，这能规避发达国家准入门槛的种种限制，而且海外大的电信公司难以在发展中国家与华为"血拼"价格，于是华为迂回侧翼地把非洲和亚洲的一些第三世界国家作为企业国际化的起点。华为的品牌国际化扩展实行的是务实的"先易后难"的战略，是典型的"农村包围城市"海外翻版，值得走向海外的中国企业借鉴。

第一节　国内：农村包围城市

20 世纪 80 年代，国内电信设备市场被跨国巨头把持，"农村包围城市"是民族品牌的不二选择。因为跨国公司在城市市场展开竞争，被牵扯了精力，无暇顾及广阔的农村市场，而且，跨国公司"高投入、高回报"的经营模式，不适应农村市场对低成本、低价格的需求。华为的掌舵人选择了"农村包围城市"这条必由之路。

1990 年，华为开始自主研发面向酒店与小企业的 PBX（专用小交换机）技术并进行商用，以此积累经验和实力。1992 年，华为自主研发出交换机及设备，批量进入市场，当年产值达到 1.2 亿元人民币，利润则过千万，员工超过 100 人。这个阶段，正是证券市场和房地产市场繁荣的时期，不过华为没有涉足其间。任正非事后强调："我们认为未来的世界是知识的世界，不可能是这种泡沫的世界。"

任正非将所得投入到容量更高的 C&C08 交换机。

1992 年，以阿尔卡特、朗讯、北电等为代表的跨国巨头仍然把持着国内电信市场，而华为只是一个新品牌。这一年，华为自主研发出交换机及设备。于是任正非决定"农村包围城市"：采取人海战术，覆盖农村市场。

华为从广大农村和福建等落后省份开始，把主要竞争对手的"兵力"引向其薄弱地区，拉长战线，"这种时候，敌军虽强，也大大减弱了；兵力疲劳，士气沮丧，许多弱点都暴露出来"。然后，华为再采取"人海战术"（集中兵力），各个击破空白市场（拿下一个个县的电信局）。当然，任正非的这种战术是结合当时的国情、市场特点，根据企业的自身优势制定的。

由于农村市场线路条件差、利润薄，国外厂商都没有精力或者不屑去拓展，从而给国内通信设备厂商带来了机会。华为的销售员全部深入县级和乡镇市场，因此生存下来，并一路由小做大，渐次进攻到市级、省级，直至国家级的骨干网市场。

随后几年，华为渐次进攻到市级、省级、国家级的骨干网市场。1995年，华为成为中国国家级通信网的主要供应商。从1988年创业到1995年成功进入中国电信的国家核心网络，华为7年磨一剑，证明了"农村包围城市"品牌扩张模式的成功。

任正非以"农村包围城市"的战略迅速攻城略地，使通信设备价格也直线下降。华为"农村包围城市"品牌扩张模式能够成功的重要原因在于品牌的差异化市场定位。根据《中国企业报》记者崔玉金的记载："早在启动农村市场之时，华为就下放绝大多数的销售人员到乡镇、县级市场。每位销售人员都分有一片固定的区域，天天去当地邮电局和电信局报到，帮助电信局解决一些技术上的问题，并不忘借此机会宣传自己物美价廉的产品。此时的广大农村正处于电信事业亟待发展的时期，对电信产品有大量的需求。华为通过各种途径，让基层电信部门认可自己的品牌，进而大范围使用自己的产品。就这样，华为抓住了客户的需求点，其产品一步步在广大的农村地区安了家。"

第二节 海外：屡败屡战的坚持

任正非曾经用"屡战屡败，屡败屡战；败多胜少，逐渐有胜"来形容华为的国际化之路，而他所采用的手段则可以用"农村包围城市"来概括。

华为当时的心态是：你欧美跨国公司吃欧美市场的肥肉，我可以先去啃亚非拉市场的骨头。当时国际通信品牌几大巨头占据了欧美主流市场大部分的市场份额，华为在产品、技术、人才、综合实力等方面都与其差距悬殊。为了避其锋芒，华为"集中优势兵力，制胜薄弱环节"，先从非洲、中东、亚太区、独联体以及拉美等发展中国家入手。

1995 年，华为启动了拓展国际市场的艰苦漫长旅程，起点就是非洲和亚洲的一些第三世界国家。这一战略思路很清晰，但真走起来也非易事。华为的可贵之处在于坚持，在于能够承受"屡战屡败，屡败屡战"的折磨。在这些国家，华为的竞争对手不是当地的廉价劳工，仍然是跨国公司的销售人员和他们的代理。

一位在刚果（金）的华为市场代表说："这个地方虽然乱，但是块好地，拱一拱就能拱出金子来。"而在这块能拱出金子的地方，爱立信、诺基亚等国际品牌却很难派销售人员来，因为高额的员工补贴让他们的产品毫无优势可言。然而艰苦的环境，更使得华为的"狼性"发挥得淋漓尽致。

任正非曾经这样写道："中国是世界上最大的新兴市场，因此，世界巨头都云集中国，公司创立之初，就在自己家门口碰到了全球最激烈的竞争，我们不得不在市场的狭缝中求生存；当我们走出国门拓展国际市场时，放眼一望，所能看得到的良田沃土，早已被西方公司抢占一空，只有在那些偏远、动乱、自然环境恶劣的地区，他们动作稍慢，投入稍少，我们才有一线机会。为了抓住这最后的机会，无数优秀的华为儿女离别故土，远离亲情，奔赴海外。无论是在疾病肆虐的非洲，还是在硝烟未散的伊拉克，或者在海啸灾后的印度尼西亚，抑或是在地震后的阿尔及利亚……到处都可以看到华为人奋斗的身影。"

从 1995 年起，经历了 6 年的漫长拼搏，一直到 2001 年，华为在国际市场才真正有了成效。相继打开东欧、南欧市场后，华为开始挺进西欧、北美。

2005 年，华为海外合同销售额首次超过国内合同销售额，占销售总额的 58%。这一年，英国电信宣布其 21 世纪网络供应商名单，华为作为唯一的中国品牌，与国际跨国品牌共同入围"八家企业短名单"。

打开并以新兴市场为据点的策略，被中国企业普遍运用。包括与华为同城兼竞争对手的中兴通讯，也把发展重心集中在发展中国家市场：亚洲的印度、巴基斯坦，非洲的肯尼亚、刚果（金）等。

第三节　先了解中国，再了解华为

在规划《华为公司基本法》时，任正非就明确提出，要把华为做成一家国际化公司。这意味着华为未来十几年甚至几十年的奋斗目标就是成功地走出国门，在更广阔的天地博取更广阔的发展空间。1996 年，年轻的华为确定了全球化战略，决定进入国际市场，重点提供以宽带交换机为核心产品的"商业网"产品，开始了国际化的征程。

但是，包括任正非在内的诸多华为人也许并没有想到，在国际化进程中，他们最先遇到的困难并不是产品得不到认可，也不是华为做的传播工作不够，而是因为华为品牌背后的"国家渊源"被误解和轻慢。在海外市场拓展进程中，海外客户对中国误解甚多，甚至认为中国生产不了高科技产品。最初奔赴海外市场的华为人，常常遇到很多人士因不了解中国经济和中国企业而提出一些令人啼笑皆非的问题。比如在印度，华为聘用的当地技术员指着新德里的立交桥问："你们中国有这样的立交桥吗？"在非洲的博茨瓦纳，面对正在入网测试的华为设备，当地技术人员不止一次地询问："这真的是中国人自己生产的产品吗？"

华为公司高级副总裁徐直军谈到自己亲身经历的一件事情："曾经有一个沙特客户，应华为邀请到中国访问，可能在他的意识里中国贫穷落后，出于'善意'特意穿了差一点的衣服。但当他走上深圳街头后，已经发现自己错了。在与华为高层会谈之前，这位沙特客户强烈要求先买衣服再会见。"

华为公司副总裁邓涛曾经是华为开拓非洲市场的元老，之后转战欧洲。他回忆说："华为刚进入欧洲时只有两个人，连运营商的门都进不去。因为欧洲人认为中国只能生产廉价的鞋子，至于生产高科技产品则闻所未闻。当华为参加法国戛纳的电信展时，法国电视台的报道题目是：'中国居然也有3G技术？'充满了怀疑和不屑。"

在这样的背景下，华为开拓国际市场的艰辛可想而知。如何让外国人认可中国已经是一个完全能够研制出高科技产品的国家，这对华为来说非常重要。巨大的文化鸿沟造成了国家之间理解和信任的误区。

虽然华为的员工在出国之前都会在培训部门接受相关培训，比如文化之间的差异以及相关产品等课程。但是那种异地的另一种文化、价值观、宗教和生活习惯还是让他们不适应。每到一个国家，华为的销售人员首先得花半年的时间解决怎么生活的问题，然后再慢慢地摸清客户在哪里。在这段时间里，相当多的营销人员有半年以上基本没有见到客户，即使知道客户在哪里，也很难见到。即使如此，对华为人来说，最痛苦的莫过于当地人对中国不了解。因此，要让国外的客户购买华为的产品，了解华为，首先要做的是让客户了解中国。华为内部有一句玩笑话："先'卖'祖国，再'卖'公司，最后卖产品。"即先让国外客户承认中国这个大品牌，再认可华为品牌，最后才开始认识产品。因此，华为印制中国名山大川及各大城市建设成就摄影集，实施"东方新丝绸之路""东方快车"等计划：请来全球客户和潜在客户亲身体验中国，不断向客户传递"中国企业也能生产高科技产品"的信息。

　　为了让客户了解腾飞中的中国，华为有一条约定俗成的路线图：每一个前来参观的外国客户要先游历北京、上海和广州等繁华的大都市，最后一站才是深圳总部。这条"东方新丝绸之路"据说是华为最有效的手段。华为用这种最原始的方法进行海外市场的公关：把能请到的海外运营商请到中国，不惜重金地让对方了解"这是中国，这是中国的华为"。

　　在2004年2月的戛纳电信展上，华为高质量的3G业务演示引起了欧洲运营商的极大关注。欧洲的运营商们对华为的3G UMTS（通用移动通信系统）产品产生了很大的兴趣，纷纷表示希望能够和华为公司深入交流。为满足广大客户的需求，华为推出了以"Your profit，our goal"为主题的"东方快车"巡回展活动，强调"要让客户看，要进行体验，为客户提供解决方案"。

　　巡回展活动旨在同客户探讨交流3G建网中的经验及网络演进问题。活动于2004年4月15日在西班牙马德里拉开序幕，行程几千公里，历经波兰、德国、英国、法国、捷克等多个国家，在欧洲运营商中引起了空前的反响，"旋风"已经成为华为的代名词。欧洲运营商"震撼"于华为公司的综合实力、以客户为中心的理念、遍布全球的应用、丰富的3G建网和运营经验、端到端的解决方案及十分可靠的设备、高质量的业务演示效果。

　　2009年年底，由商务部主导的旨在展示"国家品牌"新形象，名为"中国制造"的大型广告在美国CNN等国际主流媒体上投放。在这则广告中，一个个画面集中展现了"中国制造无处不在的身影"。其创意表现是从"Made in China"到"Made with China"的理念升级，广告语中文翻译为"中国制造、世界合作"。这可以看出：中国正在用国家的机器改变"中国制造"的国际形象。这则广告已经不是简单地提高"中国制造"的知名度这么简单，它预示着中国制造在世界中的地位，更重要的是表明了中国政府的态度，已经显示出中国在全球经济中的地位；也传递了一个信息，打压中国产品，实行贸易保护不利于整个世界经济的协作。

这无疑成为中国企业积极"走出去"的大好时机。不过，对中国企业来说，更大的挑战不只如此，他们既要借此机会向海外市场输出能展示"中国创造"的新形象产品，又要改变屡屡被西方国家诟病的物美价廉"中国制造"的不良形象。

在同一时期，各个公司所推出的产品在很大程度上是可以相互替代的。华为充分意识到这一点，因此在营销策略方面，并没有涉及所有的市场，而是始终在市场细分的基础上，选择最具有发展空间、更具有针对性的目标市场，发挥公司自身的优势，在激烈的竞争中从众多的可替代产品中脱颖而出，取得最终的胜利。

第四节 会展为王

2017 年 3 月 20 日至 24 日，华为携手百家合作伙伴，以"新ICT 迈向数字化转型之路"为主题参展 CeBIT2017（汉诺威消费电子、信息及通信博览会）。华为展台位于汉诺威展览中心 2 号馆 C30展位，面积超过 3500 平方米，以商业、技术、生态三大展区展示创新 ICT 技术和解决方案，与全球客户、合作伙伴分享数字化转型的实践与方法。这是华为参加无数次国际专业展的亮丽一幕。

其实，在大多数国内企业还没有意识到会展对于企业重要性的时候，华为的会展营销已经具有了很高的水准，华为也成为国内企业中最能发挥出会展最大效益的企业。

"1996～2000年，我们每年都要参加几十个国际顶级的展览会，一有机会就到国际舞台上展示自己。从1995年开始，我们到日内瓦去看国际电联（ITU）的展览会；1999年华为开始参加 ITU 的展览会；到2003年华为参加 ITU 展览会的时候，租下的是一个505平方米的展台，成为当时场面最大的厂商展厅之一，给西方电信运营商留下一个颇具震撼力的印象。"华为全球技术服务部总裁李杰在接受《IT 时代周刊》的记者采访时回忆说。

一位从拉美市场回国的华为市场部员工同样在接受《IT 时代周刊》采访时说："很多时候，我们的困难不是如何推销我们的产品，而是我们根本见不到客户。每个国家盛大的通信展在业内都是极受关注的，华为的展台和很多国际巨头连在一起，而且通常规模比它们更大、布置更细致，展出的也是我们最先进的技术和产品。很多人原本不了解华为，通过这些展览，他首先会在视觉上有一种震撼效应，然后他会关注华为的产品和技术。这其实不仅是一个宣传的过程，也是一个品牌再塑的过程。"

哈佛商学院客座教授 J.Tang 博士曾经这样评价华为："在中国，肯定找不到第二家像华为一样热爱参展并且总能充分展示自身的大气的企业。"这句话说得一点也不错，就是与国外的竞争对手比起来，华为的会展也毫不逊色。曾经参观过 2003 年华为 ITU 会展的 J.Tang 博士对此有着真实而深切的感受，并为"中国华为的出色和精彩感到自豪"。

华为之所以热衷于参加会展，是因为华为认为参加有影响力的会展往往能培养一批潜在的客户，为自己的产品和品牌今后在国内外市场上取得进步、获得认可打下坚实的基础。事实上，华为参展的精神面貌和干劲，对客户而言无疑也是一种很大的吸引。无论是在国内还是在国际的展览会上，总是能看到华为活跃的身影，参展人员们充满激情、信心饱满，获得了客户和业内人士的交口称赞。

在电信行业，几乎所有的人都知道华为是最喜欢参加展览会的公司。而且难能可贵的是，频繁地参加这么多的展览，华为的展台依然每次都能够给人一种特色鲜明、与众不同的感觉。能做到这一点，华为在参展前做的准备工作功不可没。

第五节　跟着外交路线走

华为在国际化过程中或多或少地借力中国外交力量。华为最早接到的几张海外订单都来自传统对华友好国家，如老挝、也门、巴基斯坦等。1997 年华为与俄罗斯电信等合资成立贝托－华为，而当时正值俄总统叶利钦访华不久，中俄关系正处在"蜜月期"。

任正非在其文章《走过亚欧分界线》中明确提到："华为公司的跨国营销是跟着我国外交路线走的。"

经济日益成为国际关系中的关键因素,政治外交越来越注重以经济外交为基础和先导。对于企业来说,华为依照我国外交路线设计营销路线是明智的选择。这样可以在国家外交的背景下,长期稳定海外发展方向,可以优先获得政府的支持。

"与世界大国建立战略伙伴关系,巩固和发展同周边国家的友好合作关系,加强与广大发展中国家的传统友好关系",是新时期我国外交战略中三个重要内容。华为的跨国营销基本上也是沿着这三条线走过来的。

第六节　加入国际"俱乐部"

2017年12月,在"2017组织生存力"管理论坛上,华为OWS(Operation Web Services,互联网运营服务)运营中心获得由英国标准协会颁发的云安全国际认证(CSA STAR)和信息安全管理体系认证证书,认证范围涵盖了华为OWS云服务的解决方案开发、交付、运维和应用管理,体现了安全体制中的透明度与标准化,标志着华为运维服务安全体系达到国际最高标准。

这仅仅是华为多年来融入国际"俱乐部"的一个缩影。华为通过积极参与行业标准制定来提高自己在业界的地位和发言权。截至2016年12月31日,华为加入了360多个标准组织、产业联盟和开源社区,担任超过300多个重要职位。2016年提交的提案超过6000份,累计提交的提案4.9万余份,为建设更广泛的数字生态发挥了重要作用。

早在国际市场开拓初期，华为就在俄罗斯成立合资公司，以双方共有的品牌进行销售。经过几年的探索后发现，即使在发展中国家市场，自有品牌建立的过程也相当漫长，而在欧美等发达国家的市场，由于国外企业的品牌早已深入人心，华为自有品牌建立的难度更加巨大。

对重大项目，欧洲运营商只对进入战略供应商、战略合作伙伴的"短名单"上的厂商发标。要想进入英国电信的重要潜在战略供应商级别，需 40 小时认证；战略合作伙伴则必须接受 200 小时的全面彻底认证。BT 在全球只有三个战略合作伙伴。

入选英国电信"21 世纪网络供货商名单"，表面上是在比试技术和产品的性价比，而实际上是在考量质量保证体系。此前，英国人不相信中国人能制造出高质量的交换机，所以，华为人刚开始接触英国电信时经常遭到冷遇。那时候的华为，甚至连参加招标的机会都没有。后来，华为人明白了英国电信的规矩：要参加投标必须先通过他们的认证，他们的招标对象都是自己掌握的短名单里的成员。华为从 2002 年开始，请英国电信对其做了两年的管理认证，在为期近一周的认证中，英国电信采购认证团对华为进行了一次全面、细致的"体检"。这次认证涉及业务管理的 12 个方面，涵盖从商用计划、客户关系管理到企业内部管理的纵向管理过程，以及从需求获得、研发、生产到安装的全过程。据《环球企业家》的记载，英国电信的专家对华为最有经验的流程专家、质量专家和公司的高层提了一个问题："从端到端全流程的角度看，影响华为将产品和服务高质量交付给客户的 5 个最需要解决的问题是什么？"在座的没人能答出来。为了通过国际标准的检验，华为花了两年的时间重新准备认证。

终于在 2005 年 4 月 28 日，英国电信宣布其 21 世纪网络供货商名单，华为作为唯一一家中国厂商，与国际跨国公司共同入围"八家企业短名单"。因为，英国电信表示未来 5 年将为此投资 100 亿英镑，所以"八家企业短名单"的产生就耗时两年。英国电信对于供货商的选择在业内以苛刻著称，尤其对于此次被称为"业界最具前瞻性的下一代网络解决方案"。

2018 年 2 月，在西班牙巴塞罗那举行的特别仪式上，GSMA（全球移动通信系统协会）向华为颁发了"2018 年移动产业杰出贡献奖"，以表彰华为数十年来在倡导新技术标准、推动数字化转型及构建数字生态等方面所做的贡献，华为轮值 CEO 胡厚崑代表公司上台领奖。

"GSMA 移动产业杰出贡献奖"旨在嘉奖对 ICT 产业和移动通信发展做出重大贡献的个人、企业和组织。技术贡献是华为获此殊荣的重要原因。

正如胡厚崑在领奖时的简短发言中表示的："多年来，我们与合作伙伴共同推进 3G、4G 以及包括 5G 在内的前沿 ICT 技术的发展，让更多人连上网并享受更好的服务。今天华为已连接全球三分之一以上的人口，对此，我感到很自豪。"华为的成就正是源自技术创新领域的厚积薄发。在胡厚崑看来，"行业在不断发展，通信行业将成为全连接的智能社会发展的基石，未来还有很多工作等着华为去做"。

　　GSMA 主席、印度 Bharti Airtel 公司创始人兼董事长 Sunil Bharti Mittal 表示："我谨代表 GSMA 向华为在推动行业发展方面所取得的成就表示祝贺。在仅仅 30 年时间里，华为已成长为全球最大的移动网络设备供应商。华为对全球标准的贡献、其创新方法以及帮助客户和合作伙伴成功的承诺将对通信行业的未来发展产生持久影响。"

　　华为国际化拓展路径是从非洲和亚洲的第三世界国家起步，到攻占欧洲、日本等发达国家市场，如今的华为已经成为一家以电信网络、企业网络解决方案和消费终端等为核心业务的全球技术创新领导者。近年来，华为大力推动云、人工智能及 5G 等领域的技术创新，致力构筑下一代数字基础设施，更是在技术和市场上均领先一步。

华为与对手做朋友，海外不打价格战

20世纪90年代，日本、德国走向衰落，美国开始强盛。其主要附加值的利润产生在销售网络的构造中，销售网络的核心就是产品的研发与IPR（知识产权）。因此，未来的企业之争、国家之争就是IPR之争。没有核心IPR的国家，永远不会成为工业强国。

经济的全球化不可避免。华为的愿景就是通过不断证明自己的存在，来丰富人们的沟通、生活与促进经济的发展，这也是华为作为一个企业存在的社会价值。我们可以达到丰富人们的沟通和生活的目的，也能不断促进经济的发展。华为不可能回避全球化，也不可能有寻求保护的狭隘的民族主义心态。因此，华为从一开始创建就持全开放的心态。在与西方公司的竞争中，华为学会了竞争，学会了技术与管理的进步。

华为有5000多项专利，每天我们产生3项专利，但我们还没有一项应用型的基本专利。一项应用型基本专利从形成到产生价值需要 7 ~ 10 年。1958年上海邮电一所就提出了蜂窝无线通信，这就是手机等一切通信技术的基础，也没有申请专利。那时连收音机都没普及，谁还会想到这个东西会普及到全世界？所以国家科技要走向繁荣必须理解那些不被人理解的专家和科学家。我们主张国家拨款不要向我们这种企业倾斜，多给那些研究基础的研究所和大学，搞应用科学的人要靠自己赚钱来养活自己。基础研究是国家的财富，基础研究不是每一个企业都能享受的。全球化是不可避免的，我们要勇敢地开放自己，不要把自己封闭起来；要积极与西方竞争，在竞争中学会管理。我们从来没提过我们是民族工业，因为我们是全球化的。如果我们把门关起来，靠自己生存，一旦开放，我们将一触即溃；同时我们努力用自己的产品支持全球化的实现。

我们提倡不盲目创新。我们曾经是非常崇拜盲目创新的技术公司，曾经不管客户需求，研究出好东西就反复给客户介绍，说的话客户根本听不进去，所以在交换机上，我们曾在中国市场出局。后来我们认识到自己错了，及时调整追赶，现在交换机排名也是世界第一了。

我们把竞争对手称为友商，我们的友商是阿尔卡特、西门子、爱立信和摩托罗拉等。2000年IT泡沫破灭后，整个通信行业的发展趋于理性，未来几年的年增长率不会超过4%。华为要快速增长就意味着要从友商手里夺取份额，这就直接威胁到友商的生存和发展，可能在国际市场到处树敌，甚至面对群起而攻之的处境。但华为现在还很弱小，还不足以和国际友商直接抗衡，所以我们要韬光养晦：宁愿放弃一些市场、一些利益，也要与友商合作，成为伙伴，共同创造良好的生存空间，共享价值链的利益。我们已在很多领域与友商合作，经过五六年的努力，大家已经能接受我们，所以现在国际大公司认为我们越来越趋向于是朋友。如果都认为我们是敌人的话，我们的处境是很困难的。

　　这些年，我们一直跟国际同行在诸多领域携手合作，通过合作取得共赢、分享成功，实现"和而不同"。和谐以共生共长，不同以相辅相成，这是东方古代的智慧。华为将建立广泛的利益共同体，长期合作，相互依存，共同发展。例如，我们跟美国3Com公司合作成立了合资企业。华为以低端数通技术占股51%，3Com出资1.65亿美元（占股49%），3Com就可以把研发中心转移到中国，实现成本降低。而华为利用了3Com世界级的网络营销渠道来销售华为的数通产品，大幅度地提升产品的销售，使我们2004年的销售额增长100%。这样我们达到了优势互补、互惠双赢的效果，同时也为我们的资本运作积累了一些经验，培养了人才，还开创了国际化合作新模式。我们后来和西门子在PDS（应用平台解决方案）方面也有合作，在不同领域销售我们的产品，都能达到共赢的状态。

　　在海外市场的拓展上，我们强调不打价格战，要与友商共存双赢，不扰乱市场，以免被西方公司群起而攻之。我们要通过自己的努力，通过提供高质量的产品和优质的服务来获取客户认可，不能为了我们的一点点销售的增长来损害整个行业的利润，我们决不能做市场规则的破坏者。通信行业是一个投资类市场，仅靠短期的机会主义行为是不可能被客户接纳的。因此，我们拒绝机会主义，坚持面向目标市场，持之以恒地开拓市场，自始至终地加强我们的营销网络、服务网络及队伍建设。经过9年的艰苦拓展，屡战屡败、屡败屡战，我们终于赢来了今天海外市场的全面进步。

（本文摘编自任正非的文章《华为与对手做朋友，海外不打价格战》，来源于《IT时代周刊》，2005年7月）

第六章

变革管理智慧：
不创新是企业最大的风险

世界上唯一不变的就是变化。企业从创办开始就面临瞬息万变的市场竞争，因此拥抱变化、拥抱创新，才是企业生存之道。华为要在极速变化的信息与通信技术产业中生存，就要不断地创新，创新虽然有风险，但不创新才是最大的风险。

没有一家伟大的公司是靠模仿和抄袭成功的，创新才是最好的生存之道。通过创新，企业才能获得生存的时间和空间，每一个创新都能提升企业的战斗力。因此，华为自始至终以实现客户的价值为经营管理的理念，围绕这个中心，为提升企业核心竞争力，进行不懈的技术创新与管理创新。华为的变革管理，凸显了建设具有全球竞争力企业过程中的华为智慧。

第一节　改良主义

一家企业在由小到大、由弱变强的过程中，每个发展阶段都需要采取不同的发展模式。就企业本身来说，其成长一般经历五个阶段：创建期、初步发展期、成型期、规模期和超规模化期。许多中国的企业家谈论得更多的是做大做强，很少有人提到走稳走好。在过度追求大和强的道路上，我们经常会见到倒下的一个个冒进者。其原因就在于它们自身的发展力建设没有与发展速度相匹配，小马拉大车，最终酿成悲剧。

稳健地发展，正是任正非所追求的。因此，他并不提倡对企业进行大动干戈的"革命"，他更愿意提倡"改良"。

改良是在原有的基础上进行进一步的优化，是在原有的基础上的进步。在政治领域里，"改良主义"曾作为"暴力革命"的对立面而出现，与"革命"有区别，从根本上改变事物本质的要求。在中国古代，天子自称受天命称帝，故凡朝代更替，君主易姓，皆称为革命。到了近代，革命则指自然界、思想界或社会发展过程中产生的深刻质变。暴力革命的显著特点是过程激烈，可以一步到位，但产生的震荡很大，副作用明显。改良主义排斥一切暴力革命，以改良作为唯一手段。任正非将这个政治概念引入经济领域中，并将之内化为华为重要的创新指导思想。

任正非曾说过，"不创新是最大的风险"。华为的发展，无论是从制度上、流程上还是从文化上来说，都是创新的胜利。但是，当人们纷纷以华为的"创新"作为学习楷模的时候，往往忽略了任正非的另一个个性鲜明的概念——"改良主义"。

任正非在其文章《华为的冬天》中这样写道：

> 我们要管理创新、制度创新，但对一个正常的公司来说，
> 频繁地变革，不变革不能提升我们的整体核心竞争力与岗位

工作效率；变革，究竟变什么？这是严肃的问题，各级部门切忌草率。一个有效的流程应长期稳定运行，不能因为有一点问题就常去改动它，否则改变的成本会抵消改进的效益。

已经证明是稳定的流程，尽管发现它的效率不是很高，除非我们在整体设计或大流程设计时发现缺陷，而且这个缺陷非改不可，其他时候就不要改了。

任正非在内部会议上说："我们要的是变革而不是革命，我们的变革是退一步进两步。"

他要求管理者在处理矛盾的过程中要变得更加成熟。成熟的重要标志就是不走极端，多一些未雨绸缪和循序渐进的持续变革。

任正非主张的是不断地改进、提升管理水平，而不是一下子全盘否定，造成伤筋断骨的危险。任正非这种温和的改革态度似乎与外界传闻的铁面无私的军人形象有所出入，却真实地反映了他性格中温和的一面。任正非表示："在管理上，我不是一个激进主义者，而是一个改良主义者，主张不断地进步。"

为什么不能随意改革？因为这样做可能会遭遇成本太高、条件不成熟等问题的困扰，进而造成企业的不稳定，这是企业经营过程中的大忌。每一个组织都是一个生态系统，有其长期以来形成的规律和逻辑，不要轻易打破其平衡，一旦用外力强行破坏其平衡，就会带来整个组织的运转混乱，重新恢复生态是一项艰巨而漫长的工程。

先说人力成本。要实行新的改革措施，要搞企业创新，就必须投入人力，组织一班人马。从制订实施方案入手，到广泛征求意见，再到修改完善，再到层层动员，最后到具体实施、检查评估。这是一个封闭的体系，需要企业全体员工同心协力才能做好，否则不但难以取得创新的效果，反而会付出高昂的代价。

再就是资金成本。创新不仅需要投入人力，还需要投入大量资金，譬如新产品的创新、工艺技术的创新等项目实施周期、回收期都比较长，这就要求企业必须具备较强的实力，否则不但无法完成创新项目，实现创新目标，反而可能拖垮企业。

还有间接成本。创新不仅有直接成本，还有间接成本。而且，往往间接成本要比直接成本高得多。间接成本无法直接评估，并且容易被决策者忽视。间接成本体现在哪里？体现在具体实施创新的过程中，对原来程序、秩序、体系打破的过程中。而在新的程序、秩序、体系还没有建立起来的情况下，体现在对企业生产系统、经营系统及管理系统带来的冲击，以及给企业整体经营绩效带来的不利影响。

另外，一次成功的创新要求企业内外部条件必须是成熟的。

对于这些问题，任正非无疑已经思考得很透彻，所以，当华为在内外部条件还不够成熟的时候，他主张采取改良主义而不是全盘否定：

> 我是主张改良的，一点点地改，不主张大刀阔斧地改革。华为必须坚持改良主义，通过不断改良，实现从量变到质变的过程。华为在高速发展的过程中，轰轰烈烈的剧变可能会

撕裂公司，所以要在撕裂和不撕裂中把握好"度"。我们处理发展速度的原则应该是有规律、有预测地在合理的增长比例下发展，但我们也必须意识到这样做所带来的不稳定。我们必须在此基础上不断地提高我们的管理能力，不断地调整管理能力所能适应的修补程度，以使我们适应未来的长期发展。

公司的考核制度不是僵化、固定的，必须保持一个合理的动荡范围。动荡不能太大，太大了房子就会倒下来；也不能没有动荡，公司的各项政策都是动态的，通过动态的不稳定实现不断的优化。公司的授权和分权也是逐步进行的，不能也不可能一步到位，而授权和分权是否有效，最终的衡量标准是实现目标的程度。

2009 年 4 月 24 日，任正非在华为运作与交付体系奋斗表彰大会上讲道："我们不要忌讳我们的病灶，要敢于改革一切不适应及时、准确、优质、低成本实现端到端服务的东西。公司的运作虽然这些年已从粗放的运作，有了较大的进步。但面对未来市场发展趋缓，要更多地从管理进步中要效益。我们从来就不主张较大幅度的变革，而主张不断地改良，我们现在仍然要耐得住性子，谋定而后动。"

说到底，还是为了生存。作为掌舵人，任正非追求的是华为的稳健进步。生存是硬道理，大刀阔斧的革命可能会导致华为死亡。这种相对"保守"的做法对于正在转型的企业来说是必需的，也是必要的。

第二节 先僵化，后优化，再固化

"先僵化，后优化，再固化"是任正非一个著名的管理改革理论，又称"三化"理论。这是在华为引进国际化管理运作体系时提出的改革要求，即先僵化接受，后优化改良，再固化运用。其思想与鲁迅的"拿来主义"颇为相似，鲁迅在文章中提到过"占有，挑选"。"占有"，即"不管三七二十一，'拿来'！""没有拿来的，人不能自成为新人；没有拿来的，文艺不能自成为新文艺。"鲁迅提出了他的"拿来主义"，他的拿是有选择的拿，为我所用的拿，不亢不卑的拿。"一切好的东西都是人类的共同财富，中国在发展过程中，外国好的东西、对中国的进步有益的东西都应该吸收，这应该是拿来主义的真实意思。"对于企业来讲，道理也是相似的。面对国外先进的管理理论，要先占有，之后再挑选。很多国内成功的企业，都是借鉴国外的先进理念，再结合我们国家自身的文化和特点，创造了一条属于自己的道路。

任正非认为西方的管理并不完全适合中国企业的实情，在引进西方管理的时候，要进行一定的改进。

1998 年 8 月，任正非在《华为人》报上发表了题为《不做昙花一现的英雄》的文章，他在文章中明确地指出："管理是企业永恒的主题，也是永恒的难题，华为在第二次创业中更加不可避免。世界上最难的改革是革自己的命，触及自己的灵魂是最痛苦的。"

但面对华为的快速成长，不改革又是不行的。1998 年之后，华为开始全面引进国际级管理体系，包括从国际著名人力资源公司

Hay集团引入"职位与薪酬体系"，从IBM引进集成产品开发（IPD）及集成供应链管理（ISC），以及将英国国家职业资格管理体系（NVQ）引为企业职业资格管理体系等。

华为的第一次变革是在华为发展得一帆风顺的时候进行的，当时的华为刚刚经历了连续5年的翻番式增长并在国内确立了龙头老大的市场地位，持续的成功让员工心里充满了自信，形成无往而不胜的良好感觉。

第三节　小改进，大奖励

刘爱群入职华为10多年，坚守维修岗位，2007年担任维修技师，他在维修岗位上曾获得"金牌奖"。这一奖项是华为公司授予员工的最高荣誉，旨在奖励为公司持续商业成功做出突出贡献的团队和个人。在可维修性建设方面，刘爱群带领维修技师在维修工具方法上有很多思考。例如，目前企业网多数服务器产品上使用LGA 2011 CPU插座，一个单板上4个插座，每个插座有2011个管脚，刘爱群发现，之前对该插座的测量需要逐个测量管脚，判断起来费时，测量诊断效率低。他根据多年经验，判断该产品在业界应该已经有相对成熟的测量方案。通过现场调查和分析，在网上查询各种技术资料，他发现LGA 2011 CPU QPI（快速通道互联）总线测试仪可以大幅提高这种产品的测量效率。他自己花几百块钱购买了这种工具，在技师陈相、张刚的配合下把测试仪指示灯与CPU信号管脚位置建立对应关系，通过试用，QPI 总线测量诊断时间从原来的 1 小时减少到 1 ~ 2 分钟，为公司业务提高了效率，创造了价值。

"维修技师应该充分利用自己的经验多从工具、方法上去思考，积极推进可维修性改进，多从如何提升维修效率方法去做更大的贡献，实现'快修'的目标。"刘爱群已经成长为一名华为的"维修专家"。

像刘爱群这样坚守在工作岗位上持续创新的华为员工不在少数，那么，华为是采取什么方式激励员工在本职工作上持续创新的呢？原来，华为的创始人任正非一直坚持"小改进，大奖励；大建议，只鼓励"的制度。

任正非曾明确表示："公司实行小改进，大奖励；大建议，只鼓励的制度。能提大建议的人已不是一般的员工了，也不用奖励；一般员工提大建议，我们不提倡，因为每个员工要做好本职工作。大的经营决策要有阶段的稳定性，不能每个阶段大家都不停地提意见。我们鼓励员工做小改进，将每个缺憾都弥补起来，公司也就有了进步。所以我们提出'小改进，大奖励'的制度，就是提倡大家做实。"

1998 年 6 月 22 日，任正非在向中国电信调研团的汇报以及在联通总部与处级以上干部座谈会上的发言中，也就是在流传甚广的《华为的红旗到底能打多久》中，明确地指出华为必须贯彻"小改进，大奖励；大建议，只鼓励"的制度，其目的就是"追求管理不断地优化与改良，构筑与推动全面最佳化的、有引导的、自发的群众运动"。

"不断做实会不会使公司产生沉淀呢？我们有务虚和务实两套领导班子，只有少数高层才是务虚的班子，基层都是务实的，不能务虚。务虚的人干四件事：一是目标，二是措施，三是评议和挑选干部，四是监督控制。务实的人首先要贯彻执行目标，调动利用资源，考核评定干部，将人力资源变成物质财富。务虚是开放的务虚，大家都可畅所欲言，然后进行归纳，所以务虚贯彻的是委员会民主决策制度，务实是贯彻部门首长办公会议的权威管理制度。"任正非说。

任正非十分清楚，由于所处的社会经济环境、企业发展历史阶段、管理水平的不同，与国外企业相比，华为所面临的管理问题和管理重点也是不同的。一些在国外企业看来不是问题的问题，到了国内企业就成了问题，甚至成为影响企业发展的关键因素。比如说，华为内部曾流传着这样一个故事：曾经有一个新员工到华为后，觉得这也不行，那也不好，于是给任正非写了一封关于公司经营策略建议的"万言书"。任正非看后批复道：此人如果有精神病，建议送医院治疗；如果没病，建议辞退。

因此，华为有一条不成文的惯例：大建议只鼓励，小建议大奖励。

同样是在 1998 年的一篇文章《不做昙花一现的英雄》中，任正非这样写道："华为公司的第一、第二代创业者把生命注入创业中去，获得了今天的成功。研发人员也宣誓要把生命注入产品中去，因此我们管理者也应把生命注入持续不断的管理优化中去。把生命注入并不是要你像干将、莫邪铸剑一样跳到熔炉里去，而是要用一丝不苟、孜孜不倦的精神去追求产品的成功。我经常看到一些员工给公司写的大规划，我把它扔到垃圾桶里去了，而那些在自己的管理岗位上本身进步了，提高了自己工作效率的同志，这时候向我提的建议和批评我倒是很愿意听的。把生命注入管理中去，不是要你去研究如何赶上IBM，而是研究你那个管理环节如何做全世界最优的，要赶上IBM不是你的事情，你也不具备这样的资历和资格。所以要面对现实，踏踏实实地进行管理的改进，这样公司才会有希望。现在公司说空话的人比干实事的人多，幼稚的干部比成熟的干部多。要把生命理解成一种灵魂和精神，就是要将这种灵魂和精神注入管理中去。"

对于有些员工，领导交给他一件事，他能干出十件事的做法，任正非并不赞成。他认为，这种创新不需要，是无能的表现，是在制造垃圾。他要求每个人做好自己的本职工作，一层一层夯实，撒上一层再夯实，只有这样，华为才能"稳坐调头船"。不必提出赶超战略，只要把自己的工作做好，自然会水到渠成。

如果说在1998年的时候，任正非只是强调华为必须确立"小改进，大奖励；大建议，只鼓励"的制度，在思想上明确"优化管理"对华为发展的重要性，在工作分工和职能安排上明确各自的岗位职责，那么到了2000年以后，任正非要求这种"小改进，大奖励"必须落实到管理、创新、质量管理等流程中来，成为华为一项实实在在的企业制度。

在《华为的冬天》一文中，任正非将"小改进，大奖励"归入了他提出的"2001年管理十大要点"之中。任正非表示：

我们要坚持"小改进，大奖励"。"小改进，大奖励"是我们长期坚持不懈的改良方针。应在小改进的基础上，不断归纳，综合分析。研究其与公司总体目标流程的契合，与周边流程的和谐，要简化，优化，再固化。这个流程是否先进，要以贡献率的提高来评价。我年轻时就知道华罗庚的一句话，"神奇化易是坦途，易化神奇不足提"。今年有很多变革项目，但每个变革项目都要以贡献率来考核。既要实现高速增长，又要同时展开各项管理变革，错综复杂，步履维艰，任重而道远。各级干部要有崇高的使命感和责任意识，要热烈而镇定，紧张而有秩序。"治大国如烹小鲜"，我们做任何小事情都要小心谨慎，不要随意把流程破坏了，发生连锁错误。

为什么"小改进，大奖励"对华为将是一个长远的方针，而不是一个短期的方针呢？任正非在一次华为公司 QCC（Quality Control Cirde，品管圈）活动中对此解释得非常清楚：

我们最近研讨了什么是企业的核心竞争力，什么是企业的创新和创业。创业，并非最早到公司的几个人才算创业，后来者就不算创业。创业是一个永恒的过程，创新也是一个永恒的过程，核心竞争力也是一个不断提升的过程。

大家可以想一想，发错货少一点，公司的核心竞争力不就提升一点了吗？订单处理速度提高 30%，我们的整个业务运行速度不就提高 30% 了吗？这些都有利于核心竞争力的提升。对于我们这样一个公司，如果谁要来跟我谈一谈华为公司的战略，我都没有兴趣。为什么？因为华为公司今天的问题不是战略问题，而是怎样才能生存下去的问题。我们在座的都很年轻，都是向日葵。但是，年轻的最大问题就是没有经验。公司发展很快，你既没有理论基础，又没有实践经验，华为公司怎么能搞得好？如果我们再鼓励"大家来提大建议呀，提战略决策呀"，那我看，华为公司肯定就是墙头上的芦苇，风一吹就倒，没有希望。那么，怎么办呢？就是要坚持"小改进，大奖励"。为什么？它会提高你的本领，提高你的能力，提高你的管理技巧，你一辈子都会受益。

"小改进，大奖励"，重要的是"小改进"，大家不要太关注"大奖励"。我们现在要推行任职资格考评体系，因此你的每一次"小改进"，都是向任职资格逼近了一大步，对你一生是"大奖励"，让你受用一辈子，它将给你永恒的前进动力。我们坚持"小改进"，就能使我们身边的工作不断地优化、规范化、合理化。但是，在坚持"小改进"的下一步时，如果我们不提出以核心竞争力的提升为总目标，那么我们的"小改进"就会误入歧途。比如说，我们现在要到北京去，我们可以从成都过去，也可以从上海过去，但是最短的行程应该是从武汉过去。如果我们不强调提升公司核心竞争力是永恒的发展方向，我们的"小改进"改来改去，只顾自己改，就可能无法对周边产生积极的作用，改了半天，公司的整个核心竞争力并没有提升。那就是说，我们的"小改进"实际上是陷入了一场无明确大目标的游戏中，而不是一个真正增创客户价值的活动。因此，在小改进过程中要不断瞄准提高企业核心竞争力这个大方向。当然，现在你们的每个 QCC 圈活动目的都是提高公司核心竞争力，围绕着这一总目标的。

"小改进，大奖励"将是我们华为公司在很长时间里要坚持的一个方针。

第四节　集成产品开发

企业进入规模运营以后，我们会发现支撑企业运营的流程开始变得臃肿、复杂，管制点越来越密，窗体越来越多，貌似我们的管理系统越来越完善，实际却是企业的运营节奏、反应速度越来越缓慢已成为不争的事实。

这是因为我们在解决问题、处理异常时，已经习惯了做"加法"，却没有想到有时做"除法、减法"也是非常有必要的。于是将流程精简、流程优化、流程重组、流程再造作为改善项目提上日程已是势在必行。

世界著名管理学家迈克尔·哈默说："任何流程都比没有流程强，好流程比坏流程强，但是，即使是好流程也需要改善。"

集成产品开发是一套产品开发的模式、理念与方法。IPD 的思想来源于美国咨询公司 PRTM 出版的《产品及生命周期优化法》。

最先将 IPD 付诸实践的是 IBM 公司，IBM 公司实施 IPD 的效果不管在财务指标还是在质量指标上都得到验证，最显著的改进在于：

1. 产品研发周期显著缩短；

2. 产品成本降低；

3. 研发费用占总收入的比率降低，人均产出率大幅提高；

4. 产品质量普遍提高；

5. 花费在中途废止项目上的费用明显减少。

IPD 强调以市场和客户需求作为产品开发的驱动力，更为重要的是，IPD 将产品开发作为一项投资进行管理。在产品开发的每一个阶段，都从商业的角度而不只是技术的角度进行评估，以确保产品投资回报的实现或尽可能减少投资失败所造成的损失。

IPD 从表面上看是研发管理，但它真正强调的却是以市场和客户需求为产品开发的驱动力，在产品设计时就构建产品质量、成本、可制造性和可服务性等方面的优势。

1997 年，华为在战略管理和项目管理之间矛盾重重。华为在中国市场得以成功的一个非常重要的原因，就是依靠"狼性"，即凭借敏锐的嗅觉来把握市场需求并迅速推出产品。但是，华为的技术人员重功能开发、轻产品的可靠性和服务质量。因此，开发出来的产品到了市场上之后，许多问题就暴露出来了。

在 1999 年之前，华为已经开始出现了"增产不增收"的效益递减现象。过去的 10 年间，华为之所以能够在与国际对手的竞争中发展起来，主要依靠两个方面的比较优势：一是人力资源的成本优势，二是基于中国市场特点的营销能力。相对的成本优势也是绝大多数中国企业在参与国际竞争中的基本优势。

中国企业的所谓成本优势大多建立在人力成本或其他自然资源的基础之上。但是，随着中国经济的发展，劳动力的成本必然会随之提高，这是不以任何人的意志为转移的。另外一个就是降低采购成本，而在现在全球一体化的经济进程中，如果不以牺牲质量为代价的话，这一点也无法继续保持下去。因此，持续降低成本的努力方向将会逐步从仅仅降低投入成本转向降低企业运营过程中所有环节的成本。

对于还未完全结束粗放型经营的华为来说，它开发的产品中有相当一部分是极端复杂的大型产品系统，如 C&C08 交换机、GSM（全球移动通信系统）、数据通信、WCDMA（宽带码分多址）等，其软件规模均超过了千万行代码，由分布在不同领域里的数千名开发人员历时 2 ~ 3 年方能完成。要管理和协调这么一支庞大的开发团队，保证千万行代码不出现差错，不仅需要超人的智慧，还需要一种有效的管理策略。

1997 年开始近距离观察 IBM 之后，任正非发现，IBM 等高科技企业的研发模式不是单纯为了提高产品开发速度，而是在保证产品质量的前提之下缩短产品的上市时间（TTM，Time To Market）。IBM 的成功让任正非怦然心动。一年后，华为用"照葫芦画瓢"的强硬方式推行 IPD。

1998 年年初，华为开始设计并自己摸索实施 IPD，但是由于自己设计的 IPD 方案考虑不周，流程在实际运行中有诸多不合理之处而惨遭失败。任正非认识到，华为再也不能闭门造车。于是，华为成为国内第一家引进和实施西方公司的 IPD 的公司。

1999 年年初，由 IBM 作为顾问设计的 IPD 变革在华为正式启动。

在 IPD 变革的过程中，由于一些执行 IPD 的基层管理者还没有完全认同 IPD，或者是为了维护小集体利益，造成纵横制管理带来的多头领导，产品线和资源线可能为了各自利益，对处于交会点上的人员提出不同甚至相互矛盾的工作牵引，使得产品线人员经常感到无所适从。针对这一情况，任正非铁腕推行，将推行 IPD 上升到了华为的生存层面："IPD 关系到公司未来的生存和发展。各级组织、各级部门都要充分认识到其重要性。通过'削足适履'来穿好'美国鞋'的痛苦，换来的是系统顺畅运行的喜悦。"

为了保证将国际先进的管理体系不走样地移植到华为，任正非还下了死命令："不学习 IPD、不理解 IPD、不支持 IPD 的干部，都给我下岗！"

任正非希望华为穿上 IBM 的"鞋"来迅速走上国际化管理的轨道。

华为对 IPD 项目的实施非常重视，不仅提出了"虚心向 IBM 学习"的口号，还在整个公司内部贯彻 IPD 的精神与理念。华为明确强调 IPD 变革要坚持两个原则：（1）先穿一双正宗的"美国鞋"；（2）然后成果固化，把其根植于我们的企业文化和日常运作规范中去。IPD 项目的实施对华为而言，是一场管理变革。在这场变革中，华为提出要求：要想实现世界级领先企业的梦想，就要以饱满的热情投身到 IPD 中。

根据 IBM 顾问的方法，华为 IPD 项目划分为关注、发明和推广三个阶段。在关注阶段，进行大量的"松土"工作，即在调研诊断

的基础上，进行反复的培训、研讨和沟通，使相关部门和人员真正
理解 IPD 的思想和方法。发明阶段的主要任务是方案的设计和选取
3 个试点。推广阶段是逐步推进的，先在 50% 的项目中推广，然后
扩大到 80% 的项目，最后推广到所有的项目。

　　2000 年，华为以无线业务部作为第一个"集成产品开发"试点。
无线业务部副部长李承军和他那个从各个部门抽出来的 10 人团队在
IBM 顾问手把手的指导下把华为的大容量移动交换机 MSC6.0 送上了
"集成产品开发"流程。经过 10 个月的开发周期，华为把整个流程
走了一遍，算是完成了首次试运行。两年后，华为终于把所有新启
动的产品项目都按照"集成产品开发"的流程来运作了。

　　实行集成产品开发之后，华为的研发流程发生了很大的变化。

　　单从技术的角度出发，IPD 让华为从技术驱动型转向了市场驱
动型，它最终改变了华为人的做事方法。以前华为研发项目的负责
人全部是由技术人员担任，现在则强调产品开发团队的负责人一定
要有市场经验。以前，华为的研究部全权负责研发，市场部门负责
销售，研究部做什么，市场部门就得卖什么。而现在可热闹了，产
品做成什么样完全由不得研发人员，很多人都得参与，而这些人以
前都是和研发根本不搭界的人。

　　在 IPD 流程里，人们参与另一种非实体的管理开发团队 TDT
（Technology Development Team，技术开发团队），TDT 的每个人来自
不同的部门，从市场到财务，从研发到服务支持，目标导向只有一
条：满足市场需求并快速赢利。

　　如今，IPD 的理念已经融入华为人的血液。比方说，产品从一

出来就要注意可维护性，技术支持人员随时配备。过去华为是没有技术支持的，研发人员随便写一些资料就可以了，现在都有专门的资料开发人员为研发人员做新产品的资料配备，如果没有做，研发人员可以投诉。

IPD 流程强调的是产品从市场调研、需求分析、预研与立项、系统设计、产品开发、中间实验、制造生产、营销、销售、工程安装、培训、服务到用户信息反馈的完整流程意义上的产品线管理。（如图 6.1 所示）每一条产品线必须对自己的产品是否响应市场需求和销售效益负责，克服了研发部门片面追求技术而忽视市场反馈的单纯技术观点，也克服了市场部门只顾当前销售而不关心产品战略的短视倾向。这个改变孕育了一个全新的部门——营销工程部，同时也使华为的研发水平开始与国际公司看齐。

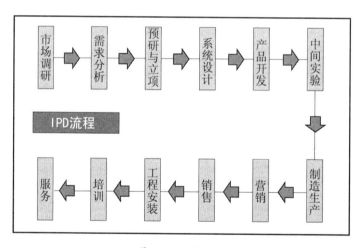

图 6.1 IPD 流程图

在 IBM 设计的 5 年课程中，华为逐步适应这双"美国鞋"：学

习—结合华为实际设计相应流程—小规模试行—大面积推行，直
至 2003 年，IPD 的"洋装"从 1.0 版本升级到了 3.0 版本。"这是一
个从无到有的过程。""从一个技术人员的角度来看，IPD 让我们从
技术驱动型转向了市场驱动型，它改变了我们的做事方法。"

2003 年上半年，数十位 IBM 专家撤离华为，标志着业务变革项
目告一段落。此次业务流程变革历时 5 年，耗资数亿元，涉及公司
价值链上的各个环节，是华为有史以来影响最为广泛、深远的一次
管理变革。这次流程再造的具体效果如表 6.1 所示：

表 6.1　华为建立 IT 流程处理系统的前后对比

事项	实施前	实施后
库存管理	库存数据不及时、库存数据不准确、库存盘点困难	库存信息与交易基本实施同步，库存准确率达到 98% 以上，通过循环盘点，大大提高了物料管理效率
采购订单处理	平均处理周期为 8 天 平均处理成本为 2000 元人民币	平均处理周期为 2 天 平均处理成本为 700 元人民币
销售订单处理	处理周期长 难以检查订单的执行状况	处理周期缩短 35%，日处理 500 多份订单，能够方便地检查订单的执行情况
财务结账周期	平均周期为 15 天	平均周期为 15 天
对公司整体运营的支持	10 亿元人民币左右的销售额	人员增长 5 倍，销售额达到 220 亿元人民币

通过表 6.1 中的对比，可见华为的流程再造是极为成功的。这
一成功使企业在整个价值链上的各项活动中领先其他竞争者一步，
不仅满足了客户的个性化需要，而且极大地提高了员工的劳动效率，

把信息滞后率降到了最低。

华为在2003年之后，感受到了管理变革以及与世界用同一种管理"语言"沟通带来的乐趣。2002年，华为销售额整体虽然下降了17%，但是当年海外市场却增收了210%！2000～2004年，华为海外复合增长率为122%，至2004年，华为快速地恢复了元气，整体销售额达到460亿元人民币，净利润50亿元人民币，大于当年TCL、联想、海尔的利润总和。

2009年4月，任正非在运作与交付体系奋斗表彰大会上讲道：

我们从杂乱的行政管制中走过来，依靠功能组织进行管理的方法虽然在弱化，但以流程化管理的内涵还不够丰富。流程的上、下游还不能有效"拉通"，基于流程化工作对象的管理体系还不很完善，组织行为还不能达到可重复、可预期、可持续、可信赖的程度。人们还习惯看官大官小的指令来确定搬道岔。以前还出现过可笑的"工号文化"。工作组是从行政管制走向流程管制的一种过渡形式，它对打破部门墙有一定好处，但它对破坏流程化建设有更大的坏处。而我们工作组"满天飞"，流程化组织变成了一个资源池，这样下去我们能建设成现代化管理体系吗？一般而言，工作组人数逐步减少的地方，流程化的建设与运作就比较成熟。

我们要清醒地认识到，面对未来的风险，我们只能用规则的确定来对付结果的不确定。只有这样，我们才能随心所欲，不逾矩，才能在发展中获得自由。

第五节　真正的创新必须与实践相结合

在自主研发上的出类拔萃，使华为在通信领域激烈的市场竞争中始终立于不败之地，并且得到了高速的发展。在一片大好的形势下，任正非却看到了华为在技术研发上存在的隐患：一些华为研发人员醉心于对最好、最新技术的追求，却往往忽略了客户的真正需求。

因此，华为鼓励创新，但反对盲目创新，反对创新"幼稚病"。任正非将闭门造车、自以为是的研发态度归结为"幼稚"，认为这是一种刻意为创新而创新，为标新立异而创新的表现，他指出："我们公司大力倡导创新，创新的目的是什么呢？创新的目的在于确保所创新的产品拥有高技术、高质量、高效率、高效益。从事新产品研发未必就是创新，从事老产品优化未必不能创新，关键在于我们一定要从对科研成果负责转变为对产品负责，要以全心全意对产品负责，实现我们全心全意为顾客服务的华为企业宗旨。"

华为首席法务官宋柳平是搞技术出身，对研发团队最易犯的"幼稚病"再清楚不过。他曾不断强调："不能任由技术创新脱离市场的缰绳狂奔。"华为人士说，华为关于创新的核心思想是，如何解决企业的竞争力，满足"质量好、服务好、运作成本低、优先满足客户需求"这四点要求，而不过度强调是不是自主开发和创新，"那是个舍本逐末的东西"。

《华为公司的核心价值观》中曾明确地指出："我们反对盲目创新。我们公司以前也是盲目创新的公司，也是非常崇拜技术的公司，我们从来不管客户的需求，研究出好东西就反复给客户介绍，客户说的话根本听不进去，所以在 NGN（新一代网络）交换机上犯了主观主义的严重错误，曾在中国电信市场上被赶出局。后来，我们认识到自己错了，及时调整追赶，现在已经追赶上了，在国内外得到了大量使用，在中国重新获得了机会，例如中国移动的汇接网全部是我们承接的，也是世界上最大的 NGN 网。"

为了反对盲目创新，华为强调真正的创新必须与实践相结合，采取客户需求和技术创新双轮驱动战略，具体地说就是以客户需求为中心做产品，以技术创新为中心做未来架构性的平台。在产品和解决方案领域，要围绕客户需求持续创新。任何先进的技术、产品的解决方案，只有转化为客户的商业成功才能产生价值。在产品投资决策上，华为人坚持客户需求导向优先于技术导向。

2015 年，任正非在变革战略预备队第三期誓师典礼上说："现在我们是两个轮子在创新，一个是科学家的创新，他们关注技术，愿意怎么想就怎么想，但是他们不能左右应用。技术是否要投入使用，什么时候投入使用，我们要靠另一个轮子 Marketing。Marketing 不断地听客户的声音，包括今天的需求、明天的需求、未来战略的需求，才能确定我们掌握的技术该怎么用，以及投入到市场的准确时间。"

变革，以适应快速国际化，以及寻求在国际化中切实满足客户需求的发展道路，是华为给世界留下的实践经验和智慧。

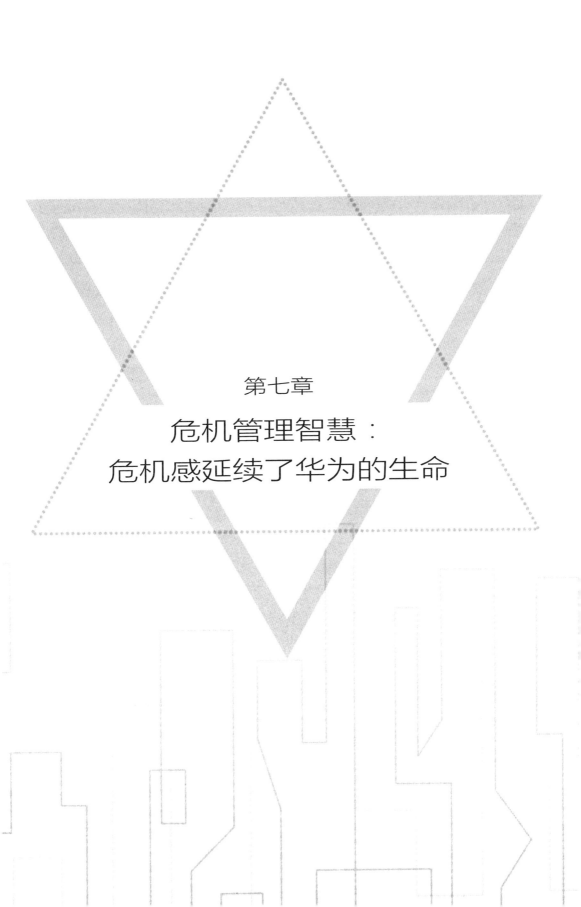

第七章

危机管理智慧：
危机感延续了华为的生命

任正非认为，华为的发展道路不可能一直一帆风顺，狂风暴雨是一定会来的。他希望在那个时候，每一个华为人都能像蜘蛛一样，不管遭遇多少挫折和打击，都不要放弃，要尽自己最大的努力"补网"，等待危机过去。他要求华为人必须做到，在面对繁荣和赞扬时，要能像勤奋的蜜蜂一样，埋头苦干，不为得失而耿耿于怀。

危机感常在，最终会让公司这个机体保持体外刺激的敏感性，保持一种警醒和临界状态，然后才有可能保持我们常常寄望于大公司所应该具有的"活力"。毫不夸张地说，危机感延续了华为的生命。

第一节 繁荣中的危机意识

"我宣布，2015 年'5G 最杰出贡献奖'由华为技术有限公司获得！"随着评委代表的话音落下，业界关注已久的全球首个 5G 大奖，2015 年 6 月 24 日在阿姆斯特丹举行的"2015 5G 全球峰会"会场揭晓，华为不负众望拿下了这个含金量极高的 5G 首奖。

　　本次奖项的争夺异常激烈，全球所有的通信设备巨头都参与了角逐。由行业专家组成的评委会对提名企业的产业贡献进行了严苛的研究、查证和比较，最终把这个奖项颁发给了华为。那么，华为为何能在竞争激烈的评奖中脱颖而出、拔得头筹呢？

　　对于华为来说，无时不在的危机意识正是创新的内在动力之一，正因为这样，华为才能在强手林立的通信行业存活下来，并且越活越好，抢占了发展先机。

　　每当华为取得重大成绩的时候，华为掌舵人任正非都会及时敲打一下华为人，不要沾沾自喜，华为离行业老大的地位还差得很远，华为一直都活在危机之中。这些敲打，无疑让华为的高管层更为清醒，重新归零，迈向新的目标。更为可喜的是，任正非的这种意识也逐渐成为华为的文化和作风：低调、务实、进取。

　　《华为三十年》中有这样一个小故事：2012 年，一本叫作《卓越与孤独》的研究华为的书被送到华为的时候，华为的高管看到书的第一反应就是书的名字太虚了，华为哪里够得上卓越，能不垮掉就不错了，强烈要求图书改名。于是最后书名就变成了《下一个倒下的会不会是华为》。

　　了解华为的人都知道，"居安思危"是华为领导内部讲话的一个重要组成部分。不论是《华为的冬天》，还是《华为的红旗到底能打多久》《华为要做追上特斯拉的大乌龟》，都充满着强烈的危机意识。

　　就是在 1996 年华为发展势头良好的情况下，任正非仍然冷静地指出："繁荣的背后都充满着危机。这个危机不是繁荣本身的必然特性，而是处在繁荣包围中的人的意识。""现代科学技术的发展越来越复杂，变化越来越快，高科技产业稍有不慎，就会落在后面，出现危机。""华为已处在一个上升时期，它往往会使我们以为 8 年的艰苦奋战已经胜利。这是十分可怕的，我们与国内外企业的差距还比较大。只有在思想上继续艰苦奋斗，长期保持进取、不甘落后的态势，才可能不会灭亡。""繁荣的里面，处处充满危机。"

虽然在 2013 年，华为首次在全年业绩上超过了爱立信成为全球第一，但任正非于 2014 年 5 月在华为拉美及大 T 系统部、运营商 BG 工作会议上如此讲道："财务曾算过账，华为公司的现金够吃 3 个月，那第 91 天时，华为公司如何度过危机呢？"

任正非认为，企业有生命，也有成长规律。企业的成长其实是危机产生与危机消除这样一个渐进循环的过程，而所谓的企业发展阶段其实也就是危机阶段性变化的循环。无论多大的公司，无论在哪个阶段，管理者都要清醒地认识到生存是唯一的理由。任正非强调，对华为来说，道理也一样。每个管理者都要不断挑战自己，少一些抱怨，多一些努力，与公司一起奋斗着活下去。

2018 年 3 月，美国曾说过要禁止华为进入美国市场，原因是担心华为的通信技术被中国政府所利用，从而对美国造成威胁，此后不久，美国的两大运营商 Verizon（威瑞森电信）和 AT&T（美国电话电报公司）也宣布终止和华为的合作。华为消费者业务 CEO 余承东对此表示，哪怕没有美国市场，华为依旧能在全球市场上销量第一。就是说，华为并不怕失去美国市场。

2018 年 4 月 16 日晚，美国商务部发布公告称，美国政府在未来 7 年内禁止中兴通讯向美国企业购买敏感产品。4 月 19 日，针对中兴被美国"封杀"的问题，商务部表示，中方密切关注进展，随时准备采取必要措施，维护中国企业合法权益。4 月 20 日，中兴通讯发布关于美国商务部激活拒绝令的声明，称在相关调查尚未结束之前，美国商务部工业与安全局执意对公司施以最严厉的制裁，对中兴通讯极不公平，"不能接受"！5 月，中兴通讯公告称，受拒绝令影响，公司主要经营活动已无法进行。由此可见，中兴被美国制裁的麻烦不只是失去美国市场，还有芯片等元器件受制于人，没有少数元器件根本无法开工生产。怎么办？只有强化自主技术。

早在 2012 年的时候，任正非就意识到了自主研发技术对企业的重要性，并且表示："我们现在做终端手机操作系统，只是出于战略考虑，哪一天谷歌断了我们的粮食，安卓系统不给我们用了，Windows Phone 8 系统不给我们用了，我们就傻了，所以我们要自主开发芯片。"

正因为华为在繁荣中始终保持危机意识，才有了华为现在的麒麟芯片、EMUI 系统（目前基于 Android，不排除未来会自主研发），还有即将商用的 5G 通信技术。在 2018 年全球分析师大会上，时任华为轮值董事长徐直军表示，未来将继续以销售收入的 15% 投入到研发当中。

华为一直十分重视底层技术投入，研发投入的绝对值和在营收中的占比都是中国最高的。华为还有著名的方舟实验室，聚集了顶级的科学家在通信等底层技术上进行研发投入。正是因为华为长期保持进取、不甘落后的态势，才可能在激烈竞争中立于不败之地。

第二节 危机意识要传递到每一个人

19 世纪末，美国康奈尔大学曾进行过一次著名的"青蛙试验"。他们将一只青蛙放在煮沸的大锅里，青蛙立即触电般地蹿了出去。后来，人们又把它放在一个装满凉水的大锅里，任其自由游动，然后用小火慢慢加热。青蛙虽然可以感觉到外界温度的变化，却因惰性而没有立即往外跳，直到后来热度难忍却失去逃生能力而被煮熟。"青蛙效应"强调的便是"生于忧患，死于安乐"的道理。

在松下电器，不论是办公室，还是会议室，或是通道的墙上，随处都能看到一幅画，画上是一艘即将撞上冰山的巨轮，下面写着：能挽救这艘船的，唯有你。其危机意识可见一斑。

华为的国际竞争对手思科前董事会主席兼首席执行官约翰·钱伯斯的忧患意识超乎寻常："我深知业界竞争的残酷，在高科技领域，如果你不处在技术潮流的最巅峰，你的对手就会把你创造的东西砸得粉碎，让你的员工流落街头。我不想悲剧在我这里发生。"

任正非同样深知，一家企业在创业初期，规模、资金、市场份额和知名度都很小时，领导者容易有破釜沉舟的决心与勇气，员工们也会有团结一致的斗志。然而，当企业做大之后，领导者往往贪图安逸享乐，员工心态巨变，内部勾心斗角，企业亲和力急剧下降。这正是许多著名企业最终败落的重要原因。他认为，失败这一天是一定会到来的，大家要准备迎接。即便不能避免这种危机，至少可以最大限度地避免企业受损。因此，华为需要的，不仅仅是决策层、管理层和个别部门具有危机意识，还必须加强对员工危机意识的强化与培养。

任正非在其文章《华为的冬天》中写道:"公司所有员工是否考虑过,如果有一天,公司销售额下滑、利润下滑甚至会破产,我们怎么办?我们公司的太平时间太长了,在和平时期升的官太多了,这也许就是我们的灾难。泰坦尼克号也是在一片欢呼声中出的海。而且我相信,这一天一定会到来。面对这样的未来,我们怎样来处理,我们是不是思考过。我们好多员工盲目自豪、盲目乐观,如果想过的人太少,也许这一天就快来临了。居安思危,不是危言耸听。"

2000 年的时候,华为管理层知道有危机,但感觉跟华为没有特别密切的关系,到 2008 年发生经济危机的时候,华为无比紧张。华为知道世界上的很多事,甚至地震、水灾都有可能跟自己有关,这是华为"走出去"带来的必然结果。

企业危机意识建立的基础应该是企业的领导核心,作为企业的领军人物,给自己或企业管理层增加危机感是有必要的。如果企业领导层不树立紧迫的危机意识,员工就不会感受到改革的压力。

任正非希望这种强烈的危机感能使员工们意识到,只有全身心地投入企业的生产革新中去,企业才能在竞争中永立不败之地;否则今天的模拟倒闭将成为明天无法逃避的事实。一家企业要想在激烈的市场竞争中取胜,就不能对市场变化熟视无睹,而要时刻胸怀危机感,时刻保持清醒的头脑。只有这样,才能斗志旺盛地参与竞争,才能永远驾驭市场,成为"常胜将军"。

任正非语重心长地说:"我们所处的行业方向选择太多而且还

处在巨大变化之中，我们一直存在生存危机也一直生存在危机中，华为的衰退和倒闭一定会到来，而只有时时警醒我们自己，我们才能进步，才能延迟或避免衰退和倒闭的到来。繁荣的背后就是萧条……如果我们不能居安思危，就必死无疑。"

华为公司老喊狼来了，喊多了，大家有些不信了。但狼真的会来的。

在《华为的冬天》一文中，任正非这样写道：

我们要广泛展开对危机的讨论，讨论华为有什么危机，你的部门有什么危机，你的科室有什么危机，你的流程的哪一点有什么危机。还能改进吗？还能提高人均效益吗？如果讨论清楚了，那我们可能就不死，就延续了我们的生命。怎样提高管理效率，我们每年都写了一些管理要点，这些要点能不能对你的工作有些改进，如果改进一点，我们就前进了。

…………

目前情况下，我认为我们公司从上到下，还没有真正认识到危机，那么当危机来临的时刻，我们可能是措手不及的。我们是不是已经麻木，是不是头脑里已经没有危机这根弦了，是不是已经没有自我批判能力或者已经很少了。那么，如果四面出现危机时，我们可能是真没有办法了。那我们只能说："你们别罢工了，我们本来就准备不上班了，快关了机器，还能省点儿电。"如果我们现在不能研究出出现危机时的应对方法和措施来，我们就不可能持续活下去。

为了达到强化员工危机意识的目的，任正非甚至将这一点作为一项战略纳入企业的发展规划中。在 1998 年出台的《华为公司基本法》中，有这样一条内容："为了使华为成为世界一流的设备供应商，我们将永不进入信息服务业。通过无依赖的市场压力传递，使内部机制永远处于激活状态。"

他在其题为《华为的红旗到底能打多久》的演讲中这样解释这一观点：

> 我们把自己的目标定位成一个设备供应商，我们绝不进入信息服务业就是要破釜沉舟，把危机和压力意识传递给每一个员工。
>
> 任何一个环节做得不好，都会受到其他环节的批评，通过这种无依赖的市场压力传递，使我们内部机制永远处于激活状态。这是置之死地而后生，也许会把我们逼成一流的设备供应商。

即使电信设备市场的风云变幻出乎华为公司创始人当初的预料——传统电信设备行业的辉煌期太短了，但其破釜沉舟的态度已为华为赢得了最好的发展时机。如今，西门子已经退出了电信市场，北电网络、摩托罗拉这样曾经很风光的老牌电信设备商已走向没落，华为也不得不打破当初"永不进入信息服务业"的承诺。尽管电信基础网络还是华为的核心业务，但是华为的业务发展更加注重从"硬"到"软"的层面倾斜——不仅重视电信服务业务，对互联网业务也早有谋划。

通过《华为公司基本法》，任正非将危机意识融入华为的企业文化中，让员工每时每刻都能感受到一种山雨欲来的紧张气氛；引导员工不要只看着国内，而要向国际竞争对手看齐，从而达到遏制部分员工和管理人员因公司高速成长而滋生的盲目乐观情绪。

可以说，华为能一路走到今天，并且继续保持高速的增长态势，和任正非具备强烈的企业忧患意识不无关系。

第三节　为过冬准备好棉袄

制度上的危机意识，是一种管理思维。管理方法达不到，是形成不了制度上的危机意识的。这当然有相当的精妙之处。华为的冬天，让华为成功走到海外；离职又重新应聘，让华为赢得了世界第二的交椅。几乎每次华为大动作地打"危机"牌，结果就是下一次腾飞的开始。

任正非的成功不仅在于其预言了"冬天"的到来，更在于他为"过冬"制定了具体措施，这些措施包括改进管理，要抓薄弱环节，找最短的木板，要坚持均衡发展，不断地强化以流程型和时效型为主导的管理体系的建设，不断优化工作，提高贡献率。

此外，任正非还建立了统一的干部考评体系，使人员的内部流动和平衡成为可能，推行以自我批判为中心的组织改造和优化活动，并告诫员工不要随便创新，要保持稳定的流程、规范化管理等。

2002 年，华为给员工下发了一套辅导学习资料，题目叫《沙暴中的爱立信》，其中讲述了爱立信公司对目前 IT 产业所面临形势的看法以及爱立信面对产业危机所要采取的应对策略。任正非专门为这套资料写了按语："爱立信不愧是一家百年企业，在经历了 IT 业的大起大落后仍然能够保持清醒的头脑。我们对 IT 业危机还缺乏切身的感受，也没有像爱立信那样细致深刻地分析，一旦面临更大困难的时候，我们能否像爱立信那样保持镇静，正视问题，看到光明，充满信心？友商是我们的一面镜子，我们要向爱立信学习。"

出售资产获得现金流

除了在制度上做好准备外，任正非在物质方面也真正为华为能顺利"过冬"做好了充分的准备。任正非曾阐述他的管理理念："咱们多一口，多一口，多一口，只要气多几口，我们就活过来了。所以在这个问题上我认为，我们一定要重视现金流。"

2000 年，全球电信市场一片萧条，中国也未能幸免。2001 年，全国电信固定资产投资额 2648 亿元人民币，比上年增长 15.3%。2002 年完成投资 2034 亿元人民币，比 2001 年减少了 20 多个百分点。为了将有限的资源投入重点领域，任正非开始实施"收紧核心，放开周边"的战略。2001 年，华为决定剥离掉网络能源业务，进一步突出核心业务。将公司业务集中到核心网、传输网、移动网三大领域，并发展软件外包供应商，将一些非核心的软件开发业务外包给数十家中型的软件公司。而在后勤服务方面，华为将安全保卫业务外包给了中国香港著名的物业管理公司戴德梁行，将膳食服务等外包给了其他几家中国香港的专业服务公司。

2001 年，任正非更是将华为下属优质资产电气部门以 7.5 亿美元售予爱默生，以此作为过冬的"棉袄"。

"大家总说华为的冬天是什么？棉袄是什么？就是现金流，我们准备的棉袄就是现金流。"任正非在内部讲话中说，就算两年内一点销售额也没有，卖安圣电气的钱也足够华为支撑两年了。

"我们现在账上还有几十亿现金存着，是谁送给我们的？是安圣给我们的，我们如何能在穿着棉衣暖和的时候，忘了做棉衣的人，这怎么行啊！在市场上，每个主任都要认真帮助安圣的工作，帮助他们的销售。这点不要动摇，一定要坚决帮助他们，人家送了我们一件大棉袄，这个棉袄够我们穿两年的啊！我们和别的公司不一样，我们现在心里还没有多大的压力，我们今年的工资肯定够发，明年的工资肯定也够了，就是没有销售额也够了。

"这个冬天过去，没有足够现金流支撑的公司，在春天就不存在了。这个时候我们的竞争环境就会有大幅度的改善。我们说熬过了冬天就是春天，春天来了他们没有现金流，就支撑不了了。"

2002 年，任正非在《迎接挑战，苦练内功，迎接春天的到来》的演讲中对员工说道："我们一定要重视现金流。夏收、秋收中有句话'家有粮，心不慌'，口袋里有钱心不慌，说的就是这个意思嘛。有钱就不慌了。在深圳，口袋里有钱，心就不慌。不信我现在把钱收了，把车子也收了。放你们假，你们回家吧。你没有钱，你就慌了，你再不卖衣服，今天中午就得饿肚皮，下午还得饿肚皮。所以在最关键的历史时刻，我们一定要重视现金流对公司的支持。在销售方法和销售模式上，要改变以前的粗放式经营模式。我（们）宁肯（价格）低一些，（也）一定要拿到现金。我认为这是一个非常重要的方法。"

一遇到"冬天"，任正非就想到"现金为王"的硬道理，而解决之道就是出售业务。华为曾多次在资金困难的情况下，通过牺牲部分非核心业务来保全公司整体业务，渡过难关。

2006 年 11 月，华为和 3Com 分别宣布，华为已经接受 3Com 的竞购报价，3Com 以 8.82 亿美元（68.69 亿元人民币）的高价收购华为所持双方合资企业华为 3Com 技术有限公司 49% 的股权。加上 2005 年 2800 万美元出售 2% 股权以及股权分红，使华为最终获利 10 亿美元。其目的是使华为的第二次"冬天"顺利度过。这些已经或即将处置的资产有一个共同的特点，就是短期经营而且经营状况较好，华为选择在盈利上升期将其溢价出售。

这种将资产变为资本的运作方法屡试不爽，因此华为即使目前还没有上市，在融资能力上也不输于已经上市的竞争对手。

销售方法和销售模式要转变

任正非还指出，企业处在"冬天"里时，销售方法和销售模式都必须转变。

在 2002 年的《迎接挑战，苦练内功，迎接春天的到来》一文中，任正非说道："存在银行、仓库的钱算不算现金流呢？算！但钱总是会坐吃山空的。所以必须要有销售额。大家有时对销售额的看法也有问题。我卖的设备原来是 100 块钱，我 90 元卖掉了就亏 10

元，这种合同坚决不做。坚决不做呢，公司就亏损了23元。因为所有的费用都分摊了，在座的开会的桌子、椅子费用都分摊进去了，还要多拿23元贴进去才能解决这个问题，甚至可能还不止这个数。如果亏了10块钱卖，能维持多长时间呢？就是消耗库存的钱。消耗消耗消耗，看谁能耗到最后。就是谁消耗得最慢，谁就能活到最后。"

为了获得充足的现金，任正非想尽了办法，他甚至动员有市场经验的员工转到市场财经部。"几年前，我组织市场财经部（华为负责货款回收的部门），大家死都不愿意去。现在一看，市场财经部的人哗啦啦老升官、升高官、到国外升官。没办法，不升他升谁呀，升你？你不会呀。不升他，在国外那么大的合同，钱拿不回来咋办？那是'棉衣'啊。"

第四节　给员工一条黄丝带

《伊索寓言》里有这样一则故事，"森林里有一只野猪不停地对着树干磨它的獠牙，一只狐狸见了不解地问：'现在没看到猎人，你为什么不躺下来休息享乐呢？'野猪回答说：'等到猎人出现时再来磨牙就来不及啦！'"野猪抗拒被捕猎的利器，不是它那锋利的獠牙而是它那超前的"危机意识"。

与此如出一辙的话来自任正非在《华为的冬天》一文中所说的："华为总会有冬天，准备好棉衣，比不准备好。"一样的未雨绸缪，一样的危机意识，一样用通俗易懂的言语给我们深刻的启示。对于企业来说，没有危机意识，单纯的"硬性危机预防体系"是无力的，超前的、无形的、全面的危机意识才是企业危机防范中最坚固的防线。

危机常常把企业推到风口浪尖之上，甚至"生死两茫茫"。这时候，对企业最大的考验不是危机本身，而是"人心"。这既包括企业外部的"人心"，即客户、股东、银行、政府、媒体等社会力量的人心向背，也包括企业内部的"人心"，即员工的所思、所想、所向、所背。

从2001年到2002年，华为除了在GSM市场上失利，还因为忽略了小灵通而失掉了大片市场，养肥了之前已被远远抛在后头的对手中兴通讯、UT斯达康。而被寄予厚望的海外市场的经营依然毫无起色，一方面是由于找不到适用于海外市场的经营模式，另一方面则是海外费用长期居高不下，无法达到盈亏平衡点。

2001年，华为完成营业额255亿元人民币，增长率从80%下滑到13.7%。而2002年，华为收入继续下滑，从255亿元人民币下降到了221亿元人民币。出现了华为历史上的第一次负增长，"华为的冬天"不幸被任正非言中。

2002年之所以被称为"华为历史上最冷的一个冬天"，还有一个原因，即从2000年到2002年，不断有员工从华为出走，严重地影响到那些留下来的员工的工作积极性。所以，华为的这个冬天可谓"内忧外患"，难怪公司上下的士气降到了冰点。

当企业陷于困境时，领导者往往面临两种选择：一是为员工提供一条黄丝带，二是给他们三尺白绫。黄丝带代表希望，三尺白绫代表绝望。

拿破仑曾这样阐述他对领导力的见解：黄丝带不过是一种希望，而领导者无非是希望的批发商。领导者制造希望，提供希望，兜售希望，并且运用这种希望来定义一个目的，确定达到目标的方法及目标实现之后的丰厚回报。

任正非作为华为的最高领导者，其领导力在这一艰难时期得到了充分的表现。他选择了给华为员工提供一条黄丝带。

在一次研发常委会议上，任正非给大家分析了当时的大环境，鼓励大家以正确的心态对待这一次"华为的冬天"，要善于从困难中看到希望。任正非在华为例会上说道：

最近（2004年），研发的一些部门提出士气问题，市场部门也有人提出大家有劲使不出来。我们怎么看这个问题？士气在什么时候应该好？如果士气在市场大发展、红红火火的时候才好，艰难困苦的时候就不好，那么谁来完成从艰难困苦到大发展的准备？我个人的看法是，越在最艰难、最困苦的时候，越能磨炼人的意志，越能检验人的道德与良知，越能锻炼人和提高人的技能，也越是我们的队伍建设最重要的时候。检验一个公司或部门是否具备良好的企业文化与组织氛围，不是在企业一帆风顺的时候，而是在遇到困难和挫折的时候，古人讲患难知人心，就是这个道理。

大家一定要充分认识到客观规律不以人的意志而转移。

现在是一个前所未有的困难时期，但这个困难不是华为公司一家的，这是全行业的困难，是全球的 IT 业的冬天，包括国内外的运营商、设备商，所有的都包含进去了，可以说无一幸免。当然，华为只能讲自己的冬天，我们更多地讲自己存在的问题，因为我们是行业中的一部分，行业的大环境我们改变不了。我们没有资格对别人指手画脚，我们要集中精力把我们自己的事情办好。

任正非看似严酷，其实他更懂得如何在下属感到失望的时候及时鼓励他们，引导他们看到春天的希望，闻到春天的气息，朝着目标大步奔跑。

2006 年，企业顾问哈里·赫特森与管理咨询师芭芭拉·佩里发表了一篇名为《领导要给员工希望》的文章，在管理界引起了重大的反响。在这篇文章中有这样一段话："希望是火种，有了希望，人们将不再愤世嫉俗和萎靡不振。播种希望是领导者工作的一个重要组成部分，若是领导者在行动或讲话前先自问一下：'我采取的行动或者说的话有可能扑灭希望，还是会点燃希望？'他们将获得莫大的好处。"

在《华为的冬天》里，正是由于任正非以其巨大的精神推动力以及非凡的意志力，为华为人指明了前进的道路。在任正非的影响下，华为的军心逐渐地稳定了下来，一个重要的指标就是员工离职率没有继续攀升，开始从 2000 年内部创业时期最高点的 11% 下降到 8%。

184

第五节　保持合理的成长速度

"2011 年，华为的销售收入首次突破了 2000 亿元人民币，折合为 324 亿美元，继续保持中国第一大民营企业的桂冠；鉴于行业领头羊爱立信 2011 年的销售收入为 329.3 亿美元，华为要超越爱立信似乎指日可待。要知道，2011 年华为与爱立信的战略可谓背道而驰：华为组建了企业和消费者两大新业务集团，开始大规模多元化，爱立信则卖掉了索爱，还计划剥离芯片公司 ST 爱立信，以便专注于电信运营商市场，并向更高附加值的软件和服务领域转型。如果只计算电信运营商市场的销售收入，华为 2011 年是 240 亿美元，增长率只有 3%；爱立信则是 260 亿美元，增长率高达 12%。因此，华为与爱立信的差距还是拉大了。没有高增长行不行？没有利润行不行？至少对华为来说不行，因为它早已习惯了这种发展模式。过去这么多年，华为通过大规模的员工持股吸引了最优秀的人才，极大地调动了员工的积极性，实现了收入和利润的高速增长，这个高速增长又能够为华为员工发放更多的股票和分红，从而形成了良性循环。"冀勇庆在《华为 2011 年报解析：快时代的终结》中写道。

"速度制胜"也是华为的成功要诀之一。任正非也曾表示："华为必须保持合理的成长速度，没有合理的成长速度就没有足够的利润来支撑企业的发展；没有合理的成长速度，就没有足够的能力给员工提供更多的发展机会，从而吸引更多企业所需的优秀人才；没有合理的成长速度，就会落后于竞争对手，最终将导致公司的死亡。没有规模，难以对付未来的低成本竞争。"

华为市场策划与推广部部长郭海卫曾说，1999 年，华为成为最先和中国移动一起做神州行预付费业务的企业。当时他们已经提前觉察到这个将要出现的市场，暗自做了技术准备。中国移动一提出需求，华为立刻全力响应。一期工程全国铺了 25 个省市的点，只有华为一家承建。

华为 3G 终端的定制方案胜在一个"快"字。依托华为的核心技术优势和量产优势，通过平台一体化，建立器件共享库，降低运作成本等多种途径，华为能为全球的电信运营商提供更为灵活、个性化的整体解决方案，在响应时间上更为迅速，从而满足运营商降低成本、快速开拓市场的需求。完善的全球服务体系也是保证华为 3G 终端"快"赢市场的关键。截至 2005 年 10 月，华为在国际市场上覆盖 90 多个国家和地区，全球排名前 50 名的运营商中，已有 22 家使用华为的产品和服务。

法国 Neuf 公司是目前仅次于法国电信的第二大固网运营商。自 2002 年该公司首次采用华为的光网络设备以来，仅两年时间，华为就成为该公司的 5 大设备供应商之一，目前华为光网络、IP DSLAM（互联网协议，数字用户线接入复用设备）、媒体网关等设备广泛运行在 Neuf 公司遍布法国的网络上。谈到与华为合作的原因，Michel Paulin（米歇尔·保兰）在接受《人民邮电报》采访时说："他们的技术很好，我多次到华为在中国的总部参观。他们的生产线绝对是世界一流的。更重要的是，他们能够快速做出反应。不管我们提出什么样的需求，他们总是能够在第一时间做出反应。华为的快速反应能力令人惊讶。"

任正非在总结华为在海外取得的成就时说："进入海外市场，我们的差异化优势主要是满足客户需求比较快，比如说泰国 AIS（AIS 是泰国一家移动通信运营商），我们因为比友商项目实施周期快 3 倍，才获得了服务 AIS 的机会。因为，海外合同要么交付要求比较急，要么需求特殊，需定制开发 / 研发、用户服务、供应链等，只有赶时间、抢进度，全力以赴才能抓住市场机会。"

华为国际化之路发展迅速，特别是无线产品线，已经成为华为迈向国外市场的排头兵。据华为 UMTS（Universal Mobile Telecommunications System，即通用移动通信系统）产品线总裁万飚介绍，全球 50 强电信运营商中，有 26 家已经成为华为的用户。

华为快速响应能力的一个典型案例是，2006 年，华为在刚果（金）的客户由于客观原因改变工程计划，原定 30 天工期的核心网设备建设压缩为 4 天，华为员工吃住在工地，四天三夜车轮战，居然真在 4 天内完工了！

华为总结出来一条重要经验：与外国跨国公司比，中国企业绝不仅仅有劣势，同样有非常明显的优势。比如，欧洲企业普遍反应较慢，用户提出一个修改建议，他们往往要一年甚至一年半才能改进。而华为，只要用户有需求，总是加班加点，快速反应。一个要一年才改进，一个只要一个月就能改进，优势自然体现出来了。

同样，速度制胜也是阿迪达斯的成功秘诀。阿迪达斯是个历史悠久的企业集团，当赫伯特·海纳成为这个集团的 CEO 时，他刚刚 48 岁。他自己就是速度的代表，而现在海纳最关心的就是提升阿迪达斯的速度。阿迪达斯成为世界第一首先要战胜的是宿敌耐克。虽然目前耐克的销售总额仍然超过阿迪达斯，但海纳在提到自己的老对手时，似乎并没有什么"醋意"，他带着惯有的自信回答："他们没有我们的发展速度快。耐克在过去 3 年里的增长都没有我们快。根据我们的市场调查数据以及从零售商那里了解到的情况，再加上奥运会可以产生的推动作用，过几年，我们就会成为世界第一的体育用品集团！"

喜马拉雅山的水为什么不能流入亚马孙河？

首先要感谢大家！这两年世界经济在衰退，今天我们之所以还能坐着开会来讨论未来架构，与全体员工做出的很大成绩密不可分。我们不仅要面对过去的历史来总结经验，还要面对今天的现实来确定明天的战略目标。华为公司这25年的发展，基本踩对了鼓点。在世界整体经济大爬坡的时候，我们强调规模化增长，只要有规模，只要有合同，就有可能摊薄我们的变动成本，就一定有利润。当时如果卖高价，客户能买我们的吗？肯定不会。现在这种惯性思维在公司里还是很严重，大家抓订单、抓合同，不管是不是垃圾质量，只要能装到销售额里，就盲目做大做强。在前两年，如果没有我们加强合同质量管理和坚定不移地转变战略目标，坚持以利润为中心，那么今天我们可能不是坐在这里开会，而是让大家回家了。所以我们这几年制定措施，比如管理服务、终端产品只谈利润，不算销售额；我们在控制各项考核指标时，就是在转型，当然我们的预算转型不够，再过一段时间，还会发生一些变化。

一、应对金融危机，我们到底有什么方法？

在我个人看来，所谓的金融危机还没有完全爆发，我们社会的改革速度能不能快过危机呢？现在不能肯定。如果说改革速度没有快过危机，当危机爆发的时候，社会这么大的波动，华为怎么办？财务曾算过账，华为公司的现金够吃 3个月，那第 91天时，华为公司如何来度过危机呢？

第一，各个基础单位一定要有效益，否则公司就没有存活下去的基本条件。前段时间，常务董事会讨论时谈到，我们未来的改革一定要把销售收入、优质交付所产生的贡献作为基本薪酬包和奖金。在这个时期，我们一定要坚定不移地贯彻干部的末位淘汰制。现在我们强调代表处代表和地区部总裁要实行末位淘汰，大家要比提高增长效益。

第二，我们一定要坚持从战略贡献中选拔出各级优秀干部。干部获得提拔的充分必要条件，一是要能使所在部门盈利；二是要有战略贡献。如果你不能使这个代表处产生盈利，我们就对你末位淘汰；如果你有盈利，但没有做出战略贡献，我们也不会提拔你。这两者是充分必要条件。现在我们选拔干部，就要慢慢调整结构，从而走向更有利于公司的发展方向。

第三，不要在一些非战略机会点上计较，否则局部利益会牵制战略竞争力量。战略机会对我们能开放的时间是3～5年，弟兄们从现状说说，你们有没有可能抢占？所以不要说考核残酷。有人说"我还可以"，我们不是仅仅要"可以"，我们对不同干部有不同要求，你们要思考怎么担负得起这个使命来。如果你的销售额及利润做不上去，不是我要拿掉你的官职，你没有利润，薪酬包就被挤小了，不够弟兄们分，在你的领导下，弟兄们都赚不到钱，那不推翻你才怪。你不如拿出自己的真正战斗能力，加强学习，加强对事物的认识，从而找到机会点。

我们现在工资、奖金的分配也有可能不公平，因为我们才刚开始实行获得分享制，可能有些地方分得很多，有些地方分得很少，但是我们慢慢就会摸到合理的线在哪儿。但是因为你没有做好而少分，我不同情你。

二、如何抓住超宽带时代的战略机会点，抢占战略制高地？

如果从长远来说，我们没有抓住战略机会点，没有抢占到战略制高地。超宽带时代以后，还有什么带？我们不知道。董事会在北京民主生活会时讨论，若我们在超宽带时代失败了，将来还会不会推出一个更好的机会来，我们认为没有了。所以我们不仅在商业上，也在技术上，认真分析客观需求到底是什么。就目前来看，我从有些开发的改进上看到了希望，但希望不是现实，我们不知道这些希望能否变成现实。

在公司战略沙盘的68个战略机会点中，我不知道有几个机会点是我们有把握的？［丁耘：现在剩下的都很困难。我刚才看胶片，比如中东的沙特阿拉伯的利雅得，LTE（长期演进技术）这仗打完了，再想获得新的进入，难度比原来又要高一个等级。中东、亚太、非洲的格局，如果我们不能利用这两年时间，把LTE在价值城市进行突破，那么在未来5年内，我们进入900M和1800M的黄金频段的机会就基本丧失了。目前欧洲格局还可以。］如果我们不做这个

191

战略沙盘，还沾沾自喜，自以为华为做得还不错。做了战略沙盘才知道别人怎么那么聪明，我们怎么那么笨。刚才丁耘也讲到，价值区域、价值资源和价值城市，别人早就占领了。你们别总说颠覆互联网，去试试看能不能颠覆，不是那么简单。

100多年前，设想挖巴拿马运河和苏伊士运河是何等伟大的战略决策，今天看来，这是交通运输史上的伟大贡献。今天大数据流量里，到底有多少条巴拿马和苏伊士？我们不知道。

我们不能笼统来看战略制高地，要把这些制高地分成很多个阵地，对其进行分析，拿出策划和措施来，实事求是地获得成功，即使无线占不到优势的地方，支撑系统能否占有呢？公司各个层面都要聚焦到机会窗。将来我们不仅要在销售上对标 68个战略制高点，也允许代表处自己来规划战略机会点。两三百个战略机会点不能仅仅是战略对标的结果，研发队伍的武器也要适应我们参战未来大数据流量机会点的战斗结构，我们整个队伍都要聚焦起来。在这个历史时期，我们要具有这样的能力。我们公司在技术战略上强调"针尖"战略，正因为我们这二十几年来，加强压强原则，坚持只做一件事，坚持像"乌龟"一样慢慢地爬，才有可能在几个领域里成为世界领先，但现在领先的只是技术，并非地盘。

三、喜马拉雅山的水为什么不能流入亚马孙河？

我们要加强经验和思想的交流，这种交流应该是广泛的。拉丁美洲处在一个偏远地带，但是在互联网时代是零距离的，拉丁美洲正在出现既有的增长，这就是出现了一个机会窗。我们为什么不能在沙特阿拉伯石油部门培养干部，然后抽调出干部去拉丁美洲投入石油部门的战斗？一个地区成功了，成立教导队，大规模培养干部，为什么会出现干部无法流动的问题，这一点我们要思考。在互联网时代，喜马拉雅山的水是可以流入亚马孙河的。

加强重装旅、重大项目部、项目管理资源池等各种战略预备队的建设，推动干部循环流动赋能，从而使整个队伍充满能量。战略预备队的费用一半是由公司空耗费用来承担，另外一半是由他们加入作战的各项目承担。等战争胜利了，要与各项目核算费用，来填补自己的费用；如果失败了，不要项目的钱，自带干粮，吃完就走了，从而使得干部能加强循环。不然阿富汗的干部一待就是好多年，为我们承受了很多痛苦，他们只能做英雄。即使说现在用他，他也当不了将军，因为没有被循环赋能将军的技能。如果循环流动起来，我们就给他赋能，他为什么就不能站起来呢？所以我们要利用这三年，推动队伍循环流动，进一步使基层作战队伍的各种优秀人员在循环过程中，能够流水不腐，形成整个公司各个层面都朝向一个胜利的目标努力前进和奋斗。

所以，华为价值评价标准不要模糊化，坚持以奋斗者为本，多劳多得。你干得好了，多发钱，我们不让雷锋吃亏，雷锋也要是富裕的，这样人人才想当雷锋。在这3～5年里，公司的改革任务是很重的，有可能促使我们在战略机会中获得前进，我们要鼓舞这个队伍前进。这些年人力资源体系工作总体做得还不错，金字塔模型稳定，他们还要改良，希望爆发潜在的力量。我们导向冲锋，从基层员工到中层、高层的干部导向都是成功，大家高高兴兴去冲锋。有些员工累了，可以休息休息，不拿工资几个月，恢复了再冲锋。我看到有人"穿马甲"发帖说，配40万股以下豁免退休人员的责任与义务，我觉得可以理解。但配超过40万股以上人员，如果觉得打仗累了，就要真正去好好休息休息。不能享受华为分红，又去外面二次创业，那是不行的。

以前我们总是叫地区部总裁为老总，有人说："不要给我贴标签，我还不到40岁，以后不要叫老总，要叫小总。"各层级干部不能惰怠，还要唤发出青春来，生命不息，冲锋不止，一定要战斗到我们抢占到战略机会！

（注：原文系任正非于2014年5月9日在华为拉美及大T系统部、运营商BG工作会议上的讲话）

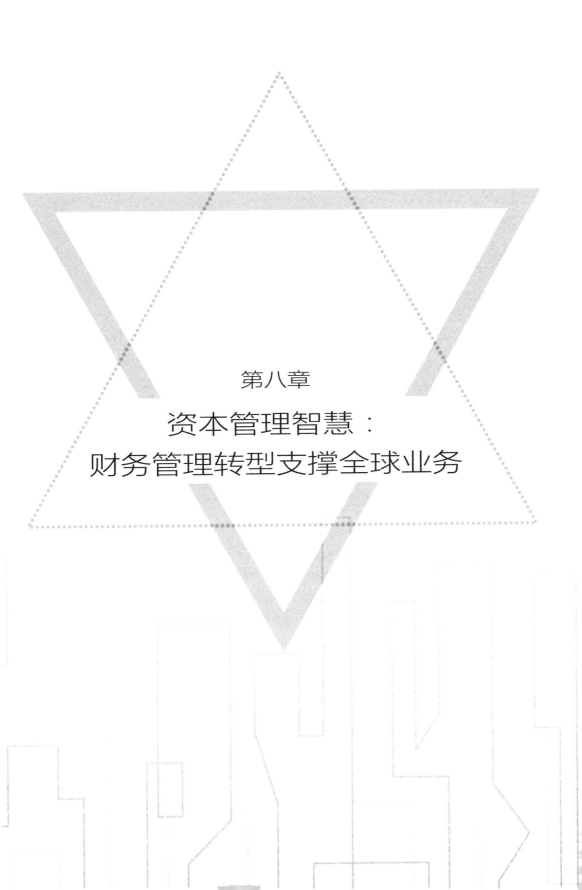

第八章

资本管理智慧：
财务管理转型支撑全球业务

在企业发展初期，资金短缺成了华为最大的问题。作为一家没有任何背景的民营企业，华为根本无法从银行贷款，只能向大企业拆借资金，但这也非长久之计。为了获得更多的资金用于研发，华为必须重新开辟一条新的相对稳定的融资渠道。

华为面向的是全球市场的拓展，同时还要保障技术的持续投入，那么它长期需要有巨大的资金流作为支撑，华为在高速发展阶段为何没有选择上市这条路呢？其中体现出华为在资本管理上的巨大智慧：华为不上市是为了更好地服务客户。

第一节　重视现金流

根据华为 2017 年年报，2017 年末，华为资产总额为 5052.25 亿元人民币，负债总额为 3296.09 亿元人民币，资产负债率为 65.24%。再往前看，华为 2014 年、2015 年、2016 年的资产负债率分别为 67.7%、68.0% 和 68.4%，距离国际社会普遍认可的 70% 贷款预警线仅一步之遥。由此，华为对其贷款预警线的"敬畏之心"可见一斑。

从华为年报中可以看到，2016 年华为的经营活动现金流是 492.18 亿元人民币，年复合增长率为 18%；2017 年，华为的经营活动现金流是 963.36 亿元人民币，年复合增长率为 44%，有明显的增长。(如图 8.1、图 8.2 所示)

经营活动现金流

年复合增长率: 18%

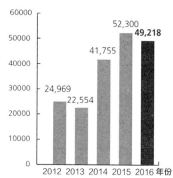

图 8.1 2016 年华为的经营活动现金流

经营活动现金流

年复合增占率：44%

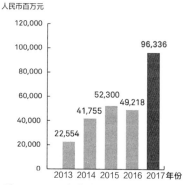

图 8.2 2017 年华为的经营活动现金流

现金流充沛，研发投入大，产品的利润空间较大，更容易进行市场推广，从而形成的新一轮现金流又支撑了研发。这是一个良性循环。

华为是一家技术型公司，技术当然是任正非所重视的。但是，作为一个企业领导者，任正非平时最关心的问题一个是"华为的冬天"，另一个就是现金流。而这两件事基本上是密切相关的。

1987 年，任正非以 2.1 万元人民币开始创业，1988 年将公司命名为"华为"，这个时候华为和当时深圳的许多公司一样，都是靠做代理求得生存。1992 年以前，华为的业务都是代理香港的交换机，对资金的需求量并不是很大，主要依靠创业初期的点滴积累。在这个时期也许任正非也想过要做些改变，但终因资金缺乏而作罢。

1991 年时华为的现金流非常紧张，借贷困难，到账的订货合同预付款也都全部投入到生产和开发，这让华为人感到了前所未有的压力。12 月，首批 3 台 BH-03 交换机终于包装发货出厂。12 月 31日晚，华为在蚝业村工业大楼开了一个庆功会。会后很多员工才知道，公司当年收到的订货预付款已经全部用完了，再发不出货，有可能面临破产。1992 年，华为的销售额突破亿元大关，任正非终于下定决心，投资亿元研制 C&C08 机。任正非多方告贷未果，被逼无奈向大企业拆借，利息高达 20% ～ 30%。于是在 C&C08 交换机动员大会上，任正非发出"失败了我只有跳楼"的誓言，这真实地反映出当时他的处境和决心。

创业初期对资金的巨大需求，使得任正非在经营华为的过程中，一直非常注意保持充裕的现金流。

1999 年左右，国家金融政策放开，国内银行业也逐步商业化运作，由于华为资信好，业务发展迅猛，银行也开始给华为大规模放贷。

中国人民大学金融与证券研究所所长吴晓求教授在第二届中国基金国际研讨会上说："有家企业，银行账户上有稳定的大量的资金余额，但这家企业的老板是极端厌恶风险的，甚至厌恶证券，一谈到股票，他就害怕，就生气。我就碰到这样一位。他就是任正非先生，我跟他谈过两次，一谈到股票，他就极端厌恶。他说投资股票纯粹是不务正业，他说我的公司永远不会和股票打交道，永远也不会和证券打交道。为了说服他，我讲了很多道理，试图说明资本市场将会更有利于他企业的发展，我花了很大的力气，最终还是未能说服他。"

2001 年，任正非曾多次预言的"冬天"提前到来。在国际市场上，网络泡沫造成世界电信市场开始出现萎缩，世界电信业的"冬天"来临了。时为世界上最大的通信设备制造商朗讯公司裁了一半以上的员工。财务报表显示，朗讯公司 2000 年实际完成的销售额只有 189 亿美元，裁掉了 5.5 万名员工，而原先估计该年度完成的销售额应该是 270 亿美元，也就是说，在裁员过程中，朗讯公司又丢失了 80 亿美元的市场。在很多无线领域都处于世界领先水平的马可尼公司更是股价大跌，濒临破产。

在国内市场，在华为，这同样是一个寒流来袭的"冬天"。2001年，华为在苦苦经营了 5 年的海外市场上依然是屡战屡败；华为在国内市场错失小灵通的市场良机后，之前被远远地甩在后头的中兴通讯后来居上。在这种内外夹击的艰难处境下，人们都很关心华为如何度过这个"冬天"。任正非由此提出："我们公司要以守为攻。大家总说华为的冬天是什么？棉袄是什么？就是现金流，我们准备的棉袄就是现金流。"

这件"棉袄"就是华为将旗下的通信电源公司华为电气（Avansys）出售给美国爱默生公司所获得的 7.5 亿美元。这对当时的华为来说是至关重要的"棉袄"。在任正非看来，华为出售业绩良好的华为电气，保持充裕的现金流就是以守为攻，他说："我们现在账上还有几十亿元现金存着，是谁送给我们的？是安圣，人家给我们送来的棉袄够我们穿两年的啊！"

事实上，任正非对于现金流的重视，贯穿了华为的整个发展历史。

在华为发展初期，有一项"政策"：谁能够为公司借来一千万，就可以一年不用上班，工资照发。

现金流对于一家企业的发展有着生死攸关的作用。它不仅代表着企业一定时期内的现金流入和流出的数量，反映业务的现金收支状况，还是一家企业是否稳健发展的重要标志。因此，在华为的发展过程中，保障现金流的稳定和保持足够的现金余额一直是任正非非常重视的一项工作。在某些特殊时期（例如 2001 年的"华为的冬天"），现金流甚至被作为一项企业战略来抓。

《创业邦》对商业咨询企业福克斯资源公司总裁李·斯特里兰德（Lea Strickland）的谈话有着这样的记载："企业家们通常认为，'只要我能销售出产品，我就能获得收入，然后我就会得到现金'，但那可不一定。你需要用现金来支付租金、购买设备并发放员工工资。如果你的账单需要按月支付，可你通常要花 60 ~ 90 天的时间才能收到来自客户的付款，你可能将陷入困境。糟糕现金流的其他迹象包括：你的销售收入增加，但你的银行存款余额仍无变化；存货资产比销售额上升得更快；或者，你总是在最后一天甚至更晚才能支付账单。因此，与供应商的沟通非常关键。你可以通过事前谈判争取到较好的条件，如果你有问题也不妨直说，而不是一直等到超过支付期限。"

同样，华为的同城兄弟中兴通讯也异常重视现金流。中兴通讯有个重要的"梯度推进"战略："现金流第一，利润第二，规模第三"，也就是说不能够单纯追求规模扩张。很多企业包括一些海外企业盲目进行规模扩张，其中大多数都失败了。中兴通讯创始人侯为贵认为，企业在发展过程中首先应该保持自己的健康，否则今天扩大了，重组了，明天又分解了，来来回回受害的是员工，是股东。所以中兴在财务方面采取健康和稳健的政策，强调不要把研究的重点放在规模上。如果企业是健康的，一定能够积累强大的竞争能力，企业也自然会成长。这种成长不是揠苗助长，它是一种有规律的、科学合理的成长。

第二节　与邮电部门成立合资公司

在企业发展初期，资金短缺成了华为最大的问题。作为一家没有任何背景的民营企业，华为根本无法从银行贷到现款，只能向大企业拆借资金，但这也不是长久之计。为了获得更多的资金用以自主研发，华为必须重新开辟一条新的相对稳定的融资渠道。

在这种情况下，华为在公司内部推出了一种不上市发行的虚拟受限股。这种股票最初只允许公司内部的员工购买，但公司的员工毕竟有限，出售股票的资金并不能够解决实质性的问题，华为不得不进一步扩大融资范围。1993 年，华为还真找到了一个绝佳的融资办法，就是争取各地邮电部门的员工入股。

华为的具体做法是与各地电信部门的直属企业——各地的电信运营商洽谈成立合资公司，并大量吸纳邮电系统员工入股，华为对邮电系统员工的入股年限、入股数量都没有任何限制。（如图 8.3 所示）

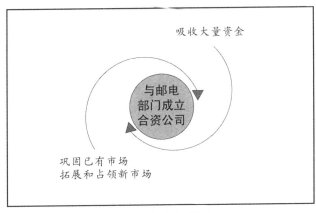

图 8.3　华为的融资渠道

华为并没有把产品，特别是有技术含量的产品放到这些和各地电信运营商成立的合资公司。这些合资公司的任务只有一个，就是从事最基础的销售代理业务。而且在 1996 年以前，合资公司的另一方，也就是各地的电信部门，很多并没有投入实际的资金，而是凭借"当地的资源优势"入股。1998 年前后，华为与各地电信管理局合作成立了沈阳华为、河北华为、山东华为、四川华为、天津华为等共计 27 家合资公司，遍布全国。

第三节 三种融资手段

2011 年 5 月 18 日，一则"华为将融资 15 亿美元"的消息再次将华为抛入聚光灯下。这与华为后期战略转型有密切的联系。华为原来专注于商业，并不进军服务领域，但自 2010 年推出云计算以来，隐现变身 TMT（泛指电信、IT 及移动互联网等行业）服务商的势头。

实际上，华为多年来融资渠道主要依靠贷款。1996 年 6 月 1 日，时任国务院副总理的朱镕基视察华为，他对华为的程控交换机打入国际市场寄予厚望，对华为在国内市场上与外国企业竞争的精神大为赞赏，并要求随行的四大银行行长要在资金上给予华为大力支持。

当时华为的年销售额已达 26 亿元人民币，跻身国内电信设备四巨头之列，但是资金问题仍然深深困扰着任正非。有朱总理的金口玉言，1996 年下半年，招商银行开始与华为全面合作。当时很多省市电信部门的资金也很短缺，他们很少能够做到以现金购买设备。于是招商银行推出了买方信贷业务，让电信部门从招商银行贷款购买华为的设备，华为再从银行提取货款。这种在今天已经广泛应用于房屋按揭、汽车按揭等各个领域的金融工具，在当时却是开了先河。

1997 年，华为实现销售额 41 亿元人民币，但负债却高达 20 亿元人民币。虽然得到了来自招商银行的间接融资，但仍然解决不了华为的资金瓶颈问题。

1999 年左右，国家金融政策放开，国内银行业也逐步商业化运作，由于华为资信好，业务发展迅猛，银行也开始给华为大规模放贷。作为中国业内龙头老大的华为，被很多银行奉为座上宾，那些曾经拒绝贷款给华为的银行，纷纷通过各级领导找到任正非，称"华为要多少贷款立马都给"。被银行行长包围的任正非戏谑地说："当年我没有钱，急需资金，你们死活不给，躲得远远的。现在我有钱了，你们又找上门来，千方百计想塞给我。银行真的是嫌贫爱富啊！"

经过多年的摸索和实践，华为常用融资方式主要有三种，第一种就是银行贷款。2004 年 11 月华为公司在中国香港宣布与 29 家银行就 3.6 亿美元借款协议成功签约。华为此次组织国际银团借款获得 80% 超额认购，筹资额由原定的 2 亿美元增加到 3.6 亿美元。该借款为 3 年期定期放款和循环放款，主要目的是支持华为国际市场的高速发展，华为将利用这些资金加快国际市场开拓的步伐。此次银团借款是无担保、无抵押的信用借款，体现了国际知名银行对华为的认可和信任。除了自身融资之外，在为客户融资方面，华为也与国际金融机构开展全面的合作。

2004年9月，华为成功为阿尔及利亚电信8万线CDMA WLL项目组织了2800万美元的6年期买方信贷。华为已经在销售环节开始引入银行资源以增强竞争力。

根据《第一财经日报》记者孙琎的记载："截至2006年末，华为在国家开发银行办理的应收账款转让业务余额为70多亿元人民币；根据经审计的财务报告，华为公司2006年末的资产负债率为66%。根据2004年华为公司和国家开发银行的公开披露消息，100亿美元的融资额度基本上将用于华为海外战略推进中的出口和提供买方、卖方信贷，帮助其拓展海外市场。而在同国家开发银行签署协议之前，华为还曾同中国进出口银行签署了类似的出口信贷框架协议，额度为6亿美元。"

此外，2008年后，受金融危机影响，全球信贷紧缩，且与华为关系密切的国家开发银行正向商业银行转变，可以预见，日后贷款也并非易事。

国金证券研究员陈运红曾表示："目前，中兴、华为的资产负债率均达到了68%以上，必须要重视信贷危机可能引发的资金风险。"虽然当前中兴、华为在各银行有良好的信誉度，贷款障碍也不多，但是受价格战、拖欠款和全球经济恶化的接连影响，中兴、华为面对高负债率和与销售额不对称的现金流，一旦市场发生波动，资本链出现问题，中兴、华为可能会难以应对。华为2008年销售收入达到183.3亿美元，实现净利润11.5亿美元，同比增长20%，其中

75%的收入来自海外市场。

世界电信、移动通信业正处于转型期，给正在进行中的我国通信业的资产重组也带来了巨大商机。加上华为面向全球市场的扩张，如没有巨大的资金流保障技术的持续投入，以领先的技术领先市场，华为有可能会失去市场。

第二种融资方式是出售旗下的业务。2001年2月，华为将非核心业务华为电气卖给全球电气大王爱默生，并改名为安圣电气，就此，华为获得了7.5亿美元（约65亿元人民币）的现金。这是华为第一次通过出售公司资产获得资金，以防备公司可能遇到的危机。整体出售华为3Com技术有限公司，是华为第二次通过资本手段来推动华为业务的整合，做好资金储备。2006年11月29日华为公司宣布，华为已接受3Com的竞购报价，双方已完成华为3Com技术有限公司（以下简称H3C）的竞购程序。华为以8.82亿美元将其所持的H3C 49%的股权转让给合作方3Com公司，交易完成后，H3C将成为3Com的全资子公司。对于华为转让股权的举动，电信专家陈金桥博士分析认为，华为近几年国际化拓展相当激进，国际化拓展的收获期还未到来，资金比较紧张，出售股权融资是一个不错的选择。

第三种融资手段就是内部融资。在华为创办初期，融资非常难，任正非就采用了全员持股的方式融资。20世纪90年代末，华为启动员工持股计划，从2001年开始，华为实行了期权改革，改革完成后，员工获得的股票转化为虚拟受限股，也就是"期权"。按照华为的管理，员工离开华为，则要卖出手中所持股票，收购价与当初购买价一致，不管有多少华为的员工进出，华为的股权和资产始终保留在华为的内部。

因为华为采取银行贷款、出售旗下业务、内部融资三种融资手段，维持企业经营稳健地发展，所以华为的财务状况多年来一直比较健康，负债率在 70% 以下，基本不会出现资不抵债的情况。

第四节　海外回款问题

大型通信设备的订单尽管金额巨大，但同时受回款周期所限。尤其是通信企业进行国际业务开拓，需要实行海外结算，回款的周期比国内相对更长（通常价值一亿美元的订单合同要分好几年实施）。华为需要为它庞大的技术研发支出找寻现金流，尤其是在它苦撑 3G 商用的三大技术标准时期。因此，在海外市场要高速扩张，就需要大量的周转资金，尤其是在一些发展中和落后国家的项目，甚至要近 12 个月才能收到回款，这就对企业的现金流要求很高。

据英国《金融时报》报道，2007 年华为最主要的业务增长来自新兴市场，比如东南亚、东欧和非洲。相对于欧美，新兴市场的账期较长——可以长达 200 多天，这部分市场业务的大幅增长，给华为新增了一定的资金压力。

对中国设备商来说，开拓印度市场还面临着更现实的问题，就是现金流。在大盘子被海外巨头瓜分后，中国设备商进军印度，只能把视角伸向新兴市场。但由于印度非主流运营商尚处于网络建设初期，自身盈利造血能力不足，会直接把风险和成本转嫁给供应商。

2008 年，华为和中兴都在印度市场取得很大的突破，给公司的业务增长带来很大的贡献。但也存在一些问题：1. 利润率的问题，印度运营商的压价能力有目共睹，谁的价格低就用谁的设备；2. 回款的问题，经济危机下，运营商融资必然受到负面影响，付款周期拉长，付款条件更加苛刻，增加了设备商的回款风险。

任正非一直重视回款和现金流，2004 年前就设立了专门负责回款的市场财经部。华为一般采取三种方式避免海外贸易的回款风险：一是在签订项目之前，让对方预付 30％的款项，抽样产品后再付40％，剩下的到全部交货后再支付；二是针对一些特殊的国家，可以利用政府的协议，如某产油国和中国有一项 20 亿元人民币的石油框架协议，中国可以将此分解为各个产品（包括通信产品）与该国进行贸易，然后华为再从政府那里获得资金；最后一种方式是针对非洲一些国家，利用当地的资源，华为跟其他公司合作。

另外，华为广泛使用了出口信贷，因此，货款回收的周期比较短，回收率也比较高。自进入海外市场初期，华为就得到了中国进出口银行等中国金融机构的大力支持。作为支持我国开放型经济发展的国家出口信用机构，中国进出口银行始终将支持高技术含量、高附加值的机电产品和高新技术产品扩大出口作为融资重点，支持我国有比较优势的企业走出国门。

除以极有竞争力的价格给用户让利、让合作方获得满意的经济回报外，华为更会在适当的时机直接投资、参股合作方或被对方参股，在资本层面与合作对象互相融合。如华为投资 1 亿港元入股持 3G 牌照的中国香港通信运营商 Sunday，并为其提供了巨额销售贷款。

对任正非的这种战略比较熟悉的吴春波教授认为："华为与跨国公司成立合资公司不是为了某个具体市场，更多的是战略上的考虑。这是双赢的结局。"

与国际巨头的合作对华为品牌在全球知名度的提升具有重大意义。截至 2016 年年底，全球 400 多家运营商是华为的客户，华为已经与全球 50 家顶级运营商中的 45 家建立起合作关系。"国际伙伴越多，你在市场上的信誉度就越高。"这已成为华为人的共识。

值得注意的是，让利给合作对象经济利益，并不意味着华为仅仅依靠价格的低廉从竞争中胜出。华为一开始基本上是在价格层面竞争，但现在已更多地与西方对手在质量层面上展开竞争。"华为已经尝到了资本的甜头，合资正在成为华为战略性侵入和分担风险的重要手段。"Frost & Sullivan（中国）公司总裁王煜全表示。

近几年来，整个电信行业处于转型中，从过去享受人口红利，到享受数据流量红利，再到享受内容和价值红利，未来运营商也要相应地从投资驱动转型为价值驱动，华为以帮助自己的商业伙伴完成这次重要商业转型为己任。针对运营商的转型需求，华为提供 3 个方面的帮助：一是帮助运营商增加收入，二是帮助运营商提高运营效率，三是通过技术创新帮助运营商降低运营成本。即使是从 2013 年华为超越国际巨头爱立信一举成为全球最大的通信设备供应商之后，海外回款仍是华为必须面对的一个不可忽视的重要任务。

2016 年 7 月 12 日，任正非在 2016 年市场年中会议上的讲话中针对海外回款问题做出了如下指示：

　　由于全球经济环境不良化，大客户的信用风险可能爆发，可能无法归还到期欠款。如上半年巴西Oi（电信运营商）申请破产，印度Reliance（信实）债务风险，这都给我们非常明确的要求：华为公司的增长要建立在高合同质量上。如果国际政局上发生危机，我们公司还有钱买"老面馒头"，就活下来了。如果没钱怎么办？所以，我们不能任性地冲过去，要加强合同管理，在市场上强调提高效率、效益，特别是回款高风险国家的管理。提高预付款到账的占比，减少终验款的占比，使得今年的增长过程中还能确保有质量的增长。机会、风险，我们要将风险排在销售的前面。暂时看不到机会的国家，可以把员工撤退到战略预备队去，减少开支。

　　我们过去重销售，现在要转变到代表处的全面建设，每个代表处的效益增长，一定要坚定不移地建立在高合同质量基础上。我们的合同必须要有二次审批，第一次合同签订叫作配置、价格条款确认，第二次合同审批是审批合同承诺条款。区域管理部要做一个指引：合同会审，哪些条款不能省掉。巴林银行是怎么垮掉的？就是授权体系不清晰。第二次合同回审，首先要审可销售清单上，所有销售产品是否在已授权可销售清单，不在清单里的就不能承诺；其次，要审核合同条款中是否有起止年限、延期付款是否有滞纳金和利息，是否法律遵从了。

任正非要求华为的每个代表处都要将效益增长坚定不移地建立在

高合同质量的基础上，将风险排在销售的前面，严抓海外回款问题。

第五节　财务管理转型

全球统一的会计核算和审计监控如同长江的两道堤坝，只有这两道堤坝足够坚固，财务管理职能才能从容有效地开展。这是任正非对华为公司会计核算、财务管理和审计监控三者的描述，准确而形象。华为在技术和市场方面齐头并进的时候，也一直强调提高公司的财务管理水平。

华为的财务管理转型，是紧随华为的跨域式发展步伐而逐步开展的。第一阶段，是在 IBM 公司的专业指导下，先试穿"美国鞋"，再根据"僵化→优化→固化"的原则，全面实施财务"新鞋"，取得了非常明显的效果。

华为公司从 1998 年下半年开始启动"四统一"项目，从账务体系设计到制度、流程、监控、编码的统一，先后进行了现状调研、模板设计、试行、全面实施和推广工作，在整个过程中，华为人经历了脱下"旧鞋"，"削足适履"穿上美国"新鞋"的痛苦和折磨，也体会到由此带来的流程优化、效率提高的喜悦。

华为要求财经管理部推行"四统一"，参照标准是国外优秀大公司的财务运作。从 1998 年到 1999 年前期，华为请普华永道和毕马威公司设计了财务体系，力求实现财务制度与账目统一、代码统一、流程统一和监控统一。这就意味着华为要放弃目前已经"穿"

了多年、习惯的财务运作方式，自然在公司员工潜意识中产生一种抵触情绪，尤其是在早期讨论顾问提交的最优模板时，总是说三道四，净挑它的刺。第一次听顾问汇报华为的未来账务体系框架时，对顾问设计的分模块、多专业的账务体系框架很不以为意，唯一感觉是他们的报告做得比较花哨、汇报水平比较高。事隔一年多，华为管理者才感到分模块、多专业的账务体系对于公司发展的重要性。分模块、多专业的账务体系能够使得母公司与子公司/事业部、公司总部与办事处以及其他分、子机构间的账务关系清晰明确，信息传递快捷顺畅，从而为公司的快速发展提供及时准确的信息。

对顾问提供的最优模板难以认同的思想一直存在于华为财务人员的潜意识中，特别是在推行最优模板中遇到较大阻力时，不愿放弃原有财务运作模式和财务观念的表现就更为强烈。销售结算流程模板将客户资信管理作为一个很重要的控制环节，但早期华为财务部门以目前中国法律不健全、中间评估机构少以及目前公司还属于抢夺市场阶段为由没有推行，认为当时运作的流程符合中国现状，是适宜的。当时有这种观念的人不止一个，其结果是大家在内心中达成一个共识——不"脱"，从而使得该流程的优化滞后。但从1999年年中到2000年，公司陆续派出一批又一批优秀员工到办事处催款，他们才感到加强客户资信管理的重要性，渐渐明白公司推行财务"四统一"的必要性。

从1999年开始，华为部分实施顾问设计的"尺寸大小"并不合适的财务最优模板，这就意味着华为人必须"削脚皮"或"塞棉花"。1999年9月，华为按照顾问提出的方案，实施取消手工记账凭证，以提高财务的工作效率，但这突破传统会计习惯。尽管项目组当时已经接受，部分基层主管和员工却不接受，前后为这个问题沟通讨论不下 10 次，始终不能达成共识，1999 年 11 月项目组在取得财经管理部领导的同意下强行推行，1999 年 12 月正式取消手工记账凭证，现在运作情况良好。1999 年下半年，华为财经管理部在部分模块强力推行财务"新鞋"，整体效果明显。但是部分员工对全部试行国外最优模板仍存在一些想法，使得部分流程优化方案尽管被接受，但是没有实施。如按照最优模板，固定资产预算控制与管理是固定资产购置流程中一个很重要的控制环节，但过去的流程没有这个环节。部分业务人员认为公司目前计划水平还有待提高，担心实施固定资产预算控制与管理会阻碍业务发展而放弃。然而由于华为固定资产购买存在一定的随意性，甚至出现公司总裁亲自批示控制固定资产购买的现象；不少固定资产买回来后闲置，有的设备买回来后一年用不到两次。在固定资产购置流程中增加固定资产预算控制与管理势在必行。

根据公司高层要求，华为人在制度、流程、监控、编码等方面按照美国"新鞋"的要求进行优化与统一。在流程方面，实施了涉及 37 个流程的 126 个改进点；在制度方面，根据顾问设计的制度框架，从会计核算与报告、出纳、税务管理等七个方面对原有的制度进行了全面的修订补充、清理与完善，对直接影响财务信息一致性的账务核算制度进行了优化统一，使得华为技术与华为电气在固定资产折旧、收入确认等重大会计政策方面得到统一；在监控方面，取消了采购核算等流程中重复的监控环节，增加了客户资信管理等监控环节，通过设立多层次审批，对流程中的监控职责进行明确划分，重大、例外事项由高层领导进行审批，日常事务监控职责放在基层经理与会计人员，有效实现了监控效益与效率的平衡；在编码方面，借鉴国际公司的做法，设计和切换实施了新的 COA（会计科目表）编码——公司段、部门 /IC 段、会计科目段、产品 / 项目段和三个备用段，基本能够满足公司现有管理和即将实行客户群核算的需求。另外，华为还将"四统一"延伸到输入、过程和输出表格的优化。

2000 年华为全面实施"四统一"的成果，穿上美国"新鞋"，跟上公司发展步伐，在 1999 年工作的基础上，将"四统一"真正在华为技术、华为电气达到全面贯彻实施，通过培训与考核，使得业务人员充分理解和掌握经过优化的制度、流程 / 监控、编码；通过自查与审查确保优化后的制度、流程、编码在业务运作中落到实处；通过建立以账务核算、审核审批、系统操作为主要内容的业务操作指导，将"四统一"深入到具体日常工作中。固化公司总部"四统一"，向办事处与合资公司推行"四统一"，成为 2000 年"四统一"的主旋律。

通过两年时间一系列的付款流程重整及持续优化，华为取消了重复的审核环节，使发票的入账时间比以往缩短了六成之多，在采购全流程的效益提高的同时，对供应商的付款及时率也达到了 95% 以上。借助 IT 项目的推进，华为进一步加强各子公司、分支机构、事业部、国内与国外机构的账务信息一体化建设；逐步实现财务"四统一"成果与公司核心流程的融合，为公司核心流程有效运作提供规范的核算服务。

当华为的业务在全球遍地开花的时候，任正非认识到要实现收入与利润的平衡发展，有效地支撑全球化运营和增长，只有把规范的财务流程植入公司的整体运营流程中。于是，2007年开始了第二次财务管理转型升级。

2007年7月，IBM邀请华为公司近10位财务相关人员到美国总部进行为期三天的访问，了解其财务系统情况。不久，IBM正式把华为公司升级为事业部客户——在全球几十家事业部客户中，华为是唯一一家中国企业。IBM不仅组建了一支由骨干组成的全球团队，还提供全方位的定制服务。

此前，华为请普华永道和毕马威公司设计了财务体系，逐渐实现财务制度与账目统一、代码统一、流程统一和监控统一，这为建立集中统一、高度分权的全球运作体系奠定了坚实的基础。根据IBM顾问的指导，在此次财务管理转型升级中，华为规划了一系列新的变革项目：新"四统一"项目、搭建全球统一的会计系统、核算流程和COA体系；海外ERP实施项目，统一海外核算系统；共享海外的核算组织，七大共享中心相继成立。这时，华为的IT系统已经覆盖了主要业务运作以及整个公司的办公自动化操作，网络专线连接了国内所有机构以及拉美、独联体、非洲等地的海外机构，这为华为总部可以随时随地了解每一个海外分支机构的财务数据提供有力保障。

于是，在IBM顾问的精心指导下，华为正式启动了IFS项目，推进核算体系、预算体系、监控体系和审计体系流程的变革。在业

务为主导、会计为监督的原则指导下，华为公司完成了业务流程端
到端的打通，构建了高效、全球一体化的财经服务、管理、监控平
台，更有效地支持公司业务的发展。

任正非认为，计划、统计、审计是华为发展的基础，因此在财
务管理体系中，任正非不但建立了弹性计划预算体系和全流程成本
管理的理念，而且建立了独立的审计体系，并构建了外部审计、内
部控制、业务稽核三级监控，来降低公司的财务风险和金融风险。

因此，华为制定了严格的计划、统计、审计流程，并在流程中
设立众多监控点、审计点，要求各级干部对不同的监控、审计点负
责，亲自审核数据。还要求每个财务管理人员每天都写工作日记，
主管领导审批后拿到数据库，有专门的部门定期抽查，这样财务部
门就不敢弄虚作假，财务人员每天还要写自查报告，3 个月后，每
个主管经理要向公司保证向公司报告的数据都是真实的。另外，华
为还通过专门的资金计划部控制资金流向，资金计划部之下设有国
际融资部，专门分析海外项目的资金风险问题。

Terry Lin 于 2011 年 9 月被华为任命为南美地区部 CFO，当时
巴西市场是他工作的重心。其实从 1998 年进入巴西市场之后，华为
在当地发展业务 13 年，但利润方面从来没有"转正"。Terry Lin 到
当地深入调查情况后，发现巴西国内市场复杂，最典型的就是税制
方面的规定，分为联邦、州、市三级税制，还有各种工业附加税等，
在交易的履行层面限制非常多。在如此复杂的环境下，华为一进入
巴西市场，就开始"野蛮生长"。这是在没有完整的运营支撑能力
情况下进行的大规模市场扩张，因此也产生了很大的错误成本。比

如当时华为的运营能力很弱，如果客户需要 10 个站，华为的交付策略是发 12 个站的设备和物料等过去，打散后再去装，反正只要能满足交付的 10 个站使用就可以了，最后形成烂账存货，也造成票账无法核对。巴西当年的仓库美其名曰"非常 6+1"，在最后的仓库搬迁清理过程中，往国内运回了 164 个货柜，里面都是无法核对的各种设备物料，因为根本不知道这些设备物料是哪些项目里的。Terry Lin 知道，巴西市场长期无法盈利，流程系统没有跑通是很重要的一个原因。为了理顺疏通，他把各个部门的人都拉到一起，每周五上午用半天时间开会研究整个巴西市场运营的变革，从各方面提升从下单到开票整个流程的能力。

"我的方法就是梳理流程，坚持用好 ERP 和 IFS，2013 年我们终于实现了盈利，实现了历史性的转折。自此之后，华为在巴西市场迎来了盈利的春天，2014 年、2015 年利润节节攀升。更让我骄傲的是，现在华为在巴西具备的低成本与快速交付的运营能力是友商无法企及的。"Terry Lin 于 2017 年 2 月在《华为人》上分享了华为在巴西市场上扭亏为盈的经验。

长江商学院终身教授薛云奎曾分析指出："华为在过去 10 年的另一个致胜秘诀就是它不断提升的销售及管理费用效率。"根据华为的年报显示，2017 年度，华为共发生销售及管理费用 926.81 亿元人民币，占销售毛利的 38.92%；与 2016 年度的 41.14% 相比，有较大幅度下降，更是远远低于 2008 年 45.06% 的水平。纵观过去 10 年，其销售及管理费用的占比一路保持持续、稳定下降的态势，表明公司单位销售及管理费用的投入 / 产出效率得以提升。

"与此同时，华为 2017 年资产周转率达到创纪录的 1.19 次，略高于 2016 年 1.18 次的水平。较 2008 年 1.06 次，保持了持续稳定的提升。这一方面说明公司管理风格在过去 10 年非常稳健、各项管理制度健全，另外一方面也展示出少有的大规模公司的卓越管理风范。"

通过财务管理的转型，华为建立了严密的财务管理制度，利用先进的财务技术管理工具，实现了国际调控、跨国转移、防范资金风险的目标，有效地支撑了华为全球化运营。

第六节　华为为何不上市？

作为资金与技术双密集的通信行业，资金充足成为企业快速成长不可或缺的"一条腿"。而国人津津乐道的华为公司，一直与道琼斯指数、纳斯达克、伦敦金融时报指数、日经指数、恒生指数、标普 500 指数、德国 PAX 指数等，一概无关。当然，华为投资的股票也与此无关。因此，华为是否上市一直是焦点：分拆、透明度考验、联合 3Com……每一步都牵动着业界的目光。人们在猜测，低调的华为究竟有着怎样的打算。有关华为上市的传闻，已经炒得沸沸扬扬。在外界的种种揣测中，事件的主角华为却始终保持着缄默。从 2004 年起，有华为上市的风声，直到今天还无定论。

与华为所不同的是，2004 年 12 月，中兴通讯努力已久的"资本国际化"终于取得了历史性成果：公司成功在香港联交所挂牌上市，成为国内首家"A to H"公司。

上市的理由总是相似的，而不上市的公司却各有各的理由。华为不差钱，这也是外界揣测华为不上市的原因之一。很多人认为华为上市是迟早的事，只是一个时间问题。"估计只有在上市之后，华为的股权治理结构明晰化了，任正非才会放心交出他的权杖。现在的华为还带有不少人治的色彩，任正非的理想是构建一个国际化的、法治的华为。"华为一位高层人士曾如此预测。

任正非早先也明里暗里表示过："华为上市的那天，就是我退休的那天。"

"我们不是不上市，而是在找一个合适的机会。"

华为如果上市，复杂的股权结构将彻底暴露。因为一直不是上市公司，华为的经营策略不那么透明，也极少让竞争对手抓住把柄。非上市公司的好处是，华为在日子艰难的时候，没有回购股票的压力，同时也不需要为股东们一时兴起的多元化浪费精力。但弊处就是，华为因此缺少一个更加直接的融资渠道。

华为也有过上市的冲动，却因为种种原因被拒。

2000年华为也曾经申请上筹划中的创业板，结果因为"没有科技含量"而被拒，确实是天大的讽刺。不过在当年的专家眼里，刚刚搞出万门程控交换机和GSM基站的华为确实没有太多的"科技含量"。

2002年，华为也曾尝试海外上市计划。当年，由于内部股权太过复杂，"剪不断，理还乱"，最终一直没有付诸实施。为了解决内部股权问题，华为曾在2003年成立了华为控股，但由于内部员工的利益无法平衡，最终还是没有上马。

上市有助于华为员工持股规范化。如果在国内上市，可以将员工的股份收集起来成立一家公司，以法人股的身份进入上市公司，但不可以流通。而如果在海外上市，员工股就可以上市流通，通过上市可以解决华为老员工大量持股沉淀下来的问题，也就是上市后可以让资本市场来消化这个包袱。

关于是否需要上市也有着不同的观点。2009 年 11 月，索尼前董事长出井伸之应深圳企业华为、万科和三诺之邀来深访问。出井伸之表示，不能把上市当作一种集资的手段，公司上市不等于企业是优秀的，不等于是成功的，仍需要在各方面好好努力。日本不少好的企业并没有选择上市，但依然受人尊敬。

对华为不上市的原因，笔者猜测解释得最符合任正非真实想法的说法，应该是《下一个倒下的会不会是华为》："华为在过往的 20 多年，有过若干次与资本联姻的机会，但任正非选择了回避。可以肯定地说，华为能够存活 20 多年，没有堕入'流星'的行列，重要因素之一就是远离资本力量的诱惑与控制。资本市场能够快速催肥一个企业和一批创业家，但也能够轻而易举地摧毁它和他们的'虚幻成分'。正如佛经所载：'爱欲之人，犹如执炬，逆风而行，必有烧手之患。'换句话说，华为能够壮大，根本原因在于华为领导层所怀有的清醒而坚定的价值观：不是技术，亦不是资本，唯有客户才是华为走向持续成功的根本。华为要培育亲客户的文化，而非亲资本的文化。"

当今时代，我们可以看到身边的一些大红大紫的企业，像流星一样划过天际，步入陨落，甚至有的"百年老店"也难逃厄运。一些优秀的企业自动或被动地掉入资本的"屠宰场"，要么快速被屠宰，要么被利用和被抛弃，比如，朗讯和AT&T的命运，就是资本力量最冷酷无情本性的明证。这些故事的结局，资本与经理人可以胜利大逃亡，只有企业伤痕累累，甚至彻底消亡。因此，华为选择要长久地活下去，拒绝资本的诱惑和控制，不失为明智之举。

延伸阅读

孟晚舟：却顾所来径，苍苍横翠微

岁末，财务（部门）例行陷入一片忙乱之中，大量的数据要看、要算、要管、要分析、要核对、要测算。差不多每年10月之后，财务（人员）便进入了常态化的加班，全球各个子公司的年度结账与审计工作开始启动。与此同时，新一年的预算编制和评审工作也在同步进行着，财务的每个组织都被这两条主线紧紧地捆绑着，拖曳着，陷入无边无际的数字海洋。

"却顾所来径，苍苍横翠微"，即将要过去的一年对财经团队来说，是沉沉甸甸的回忆，更是满满当当的收获。特别是，当我们回身想想，一年之前所站的那个高度，再转过身来看看，一年之后所站的这个高度，我相信，不少的团队，不少的同事，都有无限的感慨，更是无比的自豪。

当我们站在这个新的高度，极目远眺曾经翻过的重峦叠嶂，闭目回想曾经走过的曲折泥泞，怎能不为自己的努力而欣喜，怎能不为自己的坚韧而鼓舞。当然，此时此刻的超然，只是下一段雄关漫道的开始。

打开作业边界，责任在哪里，我们就在哪里

项目是公司经营管理的基本细胞。项目财务队伍已经持续建设了3年多，今年，各个区域还给我们补充了不少项目财务人员，在"形似"上，项目的财务人员配置已基本到位；在"神似"上，我们距离管理层的期望还很远。虽然，项目财务的整体能力还处在半山腰，不过，相比三年前还在山脚的那个我们，还是值得小小地自我激励一下。全球1500名项目财务扑在合同上，扑在项目上，他们无处不在的努力、矢志不渝的执着，正在世界的各个角落点燃熠熠生辉的星星之火。

S代表处的项目财务，朴实无华，凭借着自己扎扎实实的付出，赢得了一线的认同，证明着自己的价值。他们顶着炎炎烈日深入沙漠站点120公里，每月上站稽查修路情况，为项目降低350万美元的修路成本；他们驱车至2公里深的大峡谷，与站点工程师、分包商们一起实地考察站址，拿出"降低峡谷10个站点的交付成本"的可行方案；他们泡在站点，与当地村民慢慢协商、慢慢沟通，用村民临时接电替代油机费用，为项目的31个站点，节省了10个月的油机费用38.8万美元。

2016年，N国汇率大幅波动，代表处的项目财务主动请缨参战。与客户合同谈判前，收集信息、仔细测算，匡算合同整个履约周期内可能的外汇损失。在合同谈判时，现场参与汇损分担机制的条款谈判，即便是谈判陷入僵局，仍然有礼有节、尽职尽责地维护着公司的利益。合同签订后，一刻也不松懈地投入到回款跟踪上，跟踪交付计划，跟踪客户付款计划，主动协调两边的工作效率和工作进展，有效地关闭

了外汇风险敞口。

看庭前花开花落，望天空云卷云舒。虽然，项目财务有了点滴的进步，但大家更明白："到此处才行一步，望诸君莫废半途。"

我们是一支持续努力、不懈奋斗的团队，我们有信心、有意愿，更有能力，再用2～3年的时间，向一线交付一支"首战用我，用我必胜"的项目财务团队。

对财经团队来说，履行岗位职责是我们的必修课，没有写在岗位职责中的管理机会点，是我们的选修课。财经团队一直努力在必修课上，成为 ICT行业的最佳实践者；与此同时，也持续努力在选修课上，成为业务(人员) 最愿意信赖，也最值得信赖的伙伴。

打开管理边界，机会在哪里，我们就在哪里

项目财务的专业能力还处在爬坡阶段，在探索中成长，在适配中修正，将是我们未来几年的常态。财经的另一个变革项目——内控体系建设，经过数年的努力，如今已走出了迷雾。

2007年，内控管理作为IFS的子项目，开启了从零起步的变革大门。十年磨一剑，如今，我们的内控意识、内控机制、内控能力已浸入到各个业务活动之中，业务在哪儿，内控就在哪儿，形成了以"流程责任和组织责任"为基础的全球内控管理体系。

内控推行之初，财经被视为业务的对立面，内控目的似乎就是为了阻止业务快速通过。在混沌和迷茫中，我们渐渐找准了自己的定位，提出"内控价值要体现在经营结果改善上"的管理目标，并沿着这个目标把内控工作揉细了、掰碎了，一个一个区域、一个一个组织逐个

讲解、逐个沟通、逐个松土，逐个确定本领域、本组织的内控工作目标。有了目标，就要承诺；有了承诺，就要实现；内控管理在经营活动中渐渐地扎了根、发出了芽，一线团队也渐渐接受了内控概念，愿意沿着内控的管理要求展开作业。

M代表处内控团队推行自动化验收、开票与核销系统，以提升OTC（从订单到现金）流程的作业质量，使得开票时间从80分钟缩短至10分钟，客户拒票率下降98%。

L代表处内控团队同样聚焦OTC流程改进，针对业务实际痛点，他们选择的主攻方向是PO（订单）与客户自动对接，项目实施后，当年减少3200万美元的应收账款差异和1100万美元的退货损失。

这些都是在内控机制"润物细无声"的运行过程中，实实在在带来的经营收益。当庞大机器运转之时，内控既是润滑剂，又是制动器。改善经营、优化作业，我们是润滑剂；分权制衡、数据透明，我们是制动器。有效的内控管理，为"积极授权、有效行权"提供了制度性的保障。让听得见炮火的组织，敢于行权、积极行权；让看得见全局的组织，合理授权、有效控制；这才是我们想要的管理和控制机制。内控机制的真正受益者是公司的各级作业组织，权力更多、责任更大、边界更清，每个组织都能在自己的权责边界内活得精彩、活得滋润。

打开组织边界，人才在哪里，我们就在哪里

一个组织，必须在开放的耗散结构中，勇敢地开枝散叶，积极地吸收新能量，才能获得持续不断的成长原动力。这就像植物的光合作用，一颗种子才能长成参天大树。

在过去的两年里，财经正努力打开组织边界，引入新鲜血液，获取全世界的优秀人才。2014年11月，集团财经首次在英国尝试开展财经专场招聘会，迈出主动拓展海外人才的第一步。现在华为财经团队来自牛津、剑桥、哈佛、耶鲁等著名大学的优秀学生有数百名，他们正逐渐成为我们的新生力量。财经的海外招聘已逐渐形成机制，从雇主品牌建设到校园宣讲安排，从暑期实践活动到财经挑战赛，我们在顶尖高校的声誉正慢慢积累起来。2016年度，财经招聘了近340名留学生，占我们今年校园招聘指标的38%。

加入到华为财经的留学生群体有改变世界、实现个人价值的强烈渴望，有激情、有冲劲、有极强的学习能力、有极宽的思维方式。曾经，他们凭借着扎实的成绩和优秀的品格考入世界名校，他们在异国他乡独立生活，努力求知。如今，他们加入我们的战队，所体现出来的普遍品质是"能吃苦""懂得珍惜""时间管理强""团队融入快"。他们身上表现出来的艰苦奋斗精神与华为的核心价值观高度契合，我们期待着这些年轻人能够快速成长，绽放出耀眼的光芒。

与此同时，我们贴近人才建组织，贴近人才建能力。

2015年，税务规划团队、关联交易团队整体搬迁伦敦。在此后的一年多的时间里，我们发现这两个领域的高端人才明显比以前容易获取，而且他们融入团队更平滑、更有效。这些在行业内极富专业影响力的专家们，拉动我们的专业税务能力建设快速走上新台阶。大家都把他们尊称为"老爷爷"和"老奶奶"，能与这些"老爷爷"和"老奶奶"一起共事，更是我们这些渴望成长的年轻人的最佳非物质激励。

打破组织边界，引入"不带华为工卡的同僚"，无论你是雇员，还是顾问，无论你是全职，还是兼职，我们都将非常开放地合作，"一切为了胜利"，是我们唯一的目标。葛兰素史克全球关联交易的主管，大家敬爱的 Nike Papa，他曾经主导了全球最大的关联交易诉讼案件，在他以顾问身份参与我们的税务变革项目后，我们大胆地把技术总监的角色交给了他，事实证明，由他所主导的关联交易架构的技术方案，完全处在行业的领先水平。

打开思想边界，方法在哪里，我们就在哪里

在一切边界中，最难打破的，就是无形的思维边界。只有打破思维模式的禁锢，积极尝试新方法、新工具，突破作业习惯的边界，努力尝试新角度、新立场，才能跟上这个瞬息万变的时代。如今的我们，早已超越了基础财务服务的范畴，ICT行业的先进工具和方法，正装备着我们的队伍，创造着无限的活力。

在会计核算领域，我们积极尝试自动化、智能化，将标准业务场景的会计核算工作交给机器完成。目前，年平均约120万单的员工费用报销，员工在自助报销的同时，机器根据既定规则直接生成会计凭证；98个国家和746个账户实现互联互通，支付指令可以在2分钟内传递至全球任一开户银行；我们的付款准确率水平高于银行100倍以上；在AP（无线访问接入点）领域的四个业务场景上，我们启用了计算机自行处理，试点半年来，通过手工作业进行并行校验，其结果证明准确率为100%。

我们在全球实施的RFID（射频识别，俗称电子标签）物联资产管理方案，目前已经覆盖52个国家、2382个场地、14万件固定资产。

RFID标签贴在需要管理的固定资产上，每5分钟自动上报一次位置信息，每天更新一次固定资产的使用负荷（或者闲置）情况。部署RFID后，固定资产盘点从历时数月下降为只需数分钟，每年减少资产盘点、资产巡检的工作量9000人天。资产位移信息、资产闲置信息及时更新、共享，使我们在资产管理上能够有的放矢。

在资金规划领域的四个大数据项目，展现出令人惊讶的创造力，"经营性现金流预测"和"分币种现金流预测"的大数据项目已正式上线应用。基于大数据模型，由计算机进行上万次数据演算和模型迭代，经营性现金流已实现12个月定长的滚动预测。从历史数据的拟合度看，最小偏差仅800万美元。对于在170个国家实现销售，收入规模约800亿美元，年度现金结算量约4000亿美元的公司来说，800万美元的现金流滚动预测偏差，已经是极为理想的结果。

与机器共舞如此美妙！数字予机器以温度，其惊喜犹如燃情的岁月。

打开能力边界，工匠在哪里，我们就在哪里

财经团队的每个成长脚印里，总有说不完、数不清的动人故事，锲而不舍、艰苦奋斗、精益求精的工匠精神，支撑着整个组织的前进。

存货账实相符项目的实施，在公司近30年的经营史上，首次实现了站点存货的可视、可盘点、可管理。站点存货账实一致率，从2014年的76%提升至2016年的98.62%；全球中心仓的账外物料8800万美元实现再利用；清理超期存货7500万美元；中心仓和站点存货的货龄结构大幅改善；ITO（从询价到下订单）同比上年提升44天。这一条

条、一项项可圈可点的成绩，再次证明了我们是一支"说到必将做到"的团队。2014年，我们向公司承诺，用三年时间做到全球存货账实相符，"言必行，行必果"，如今，我们兑现了自己当初的承诺。

账务核算已经实现了全球7×24小时循环结账机制，充分利用了我们共享中心的时差优势，在同一数据平台、同一结账规则下，共享中心接力传递结账作业，极大缩短了结账的日历天数。24小时系统自动滚动调度结账数据，170+系统无缝衔接，每小时处理4000万行数据，共享中心"日不落"地循环结账，以最快的速度支撑着130+代表处经营数据的及时获取。

全球259家子公司均要按照本地会计准则、中国会计准则、国际会计准则的要求，分别出具三种会计准则下的财务报告。还有，按产品、区域、BG、客户群等维度分别出具责任中心经营报告，这些报告都可以在五天之内高质量输出。

巴西的税务专员Carlos（卡洛斯）发现，按照规定，已交纳的社保税可以申请抵扣。于是，他放弃休假，用了两个多月的时间，在堆积成山的仓库中找到150多份退税证据。Carlos的努力和坚持，为我们从巴西税局拿回了3000万美元的"冤枉钱"。

"支付工匠"马阿丽，高峰期每天要盖3000个章，每15秒就要盖一个章，以至于端着饭碗时手会不停地颤抖。然而，既使是这样的高强度、高压力，马阿丽连续十余年，数千亿美元的资金从她手上付出，竟然没有一分钱的差错。这是怎样的努力，又是怎样的付出？！

传统的财务服务，早已不再是我们孜孜以求的目标。那个驼着背、弯着腰、端着水杯、戴着老花眼镜的账房先生，绝不再是我们的形象代言人。

财经已经融入公司所有业务活动之中。从合同概算到项目回款、从产品规划到市场分析、从出差申请到费用报销、从资产管理到存货管理、从销售融资谈判到融资规划落地、从税务筹划到定价设计……伴随公司的成长，财经组织从"非常落后"走到了"比较落后"，又从"比较落后"走到了"有点先进"。孔子问志，颜渊曰："愿无伐善，无施劳。"虽然我们的文化是低调的，但财经团队的持续努力和点滴成就，还是相当令我们自豪，如今，我们的财经专业能力，普遍处于行业较佳水平，个别领域已处于行业最佳水平。

正如舒婷在《致橡树》里写的一样，财经组织与业务组织的关系，就像橡树与木棉那样，既相互独立，又相互依偎。

新年来临之际，让我借用舒婷的这首小诗，作为新年致辞的结束语吧，送给奋斗在世界各地的财经小伙伴们，感谢大家持之以恒的每一份努力，更感谢大家永不言败的奋斗之心，我相信，我们既不会是攀援的凌霄花，也不是痴情的鸟儿，我们是高昂挺拔的木棉！

> 我必须是你近旁的一株木棉，
>
> 作为树的形象和你站在一起，
>
> 根，紧握在地下，
>
> 叶，相触在云里，
>
> ……
>
> 你有你的铜枝铁干，
>
> 像刀，像剑，
>
> 也像戟，

我有我的红硕花朵，

像沉重的叹息，

又像英勇的火炬，

我们分担寒潮、风雷、霹雳，

我们共享雾霭、流岚、虹霓，

······

来年，我们依然更加努力，我们依然可以骄傲！

（此文是时任华为CFO孟晚舟2017年新年致辞，来源于心声社区，2016年12月30日）

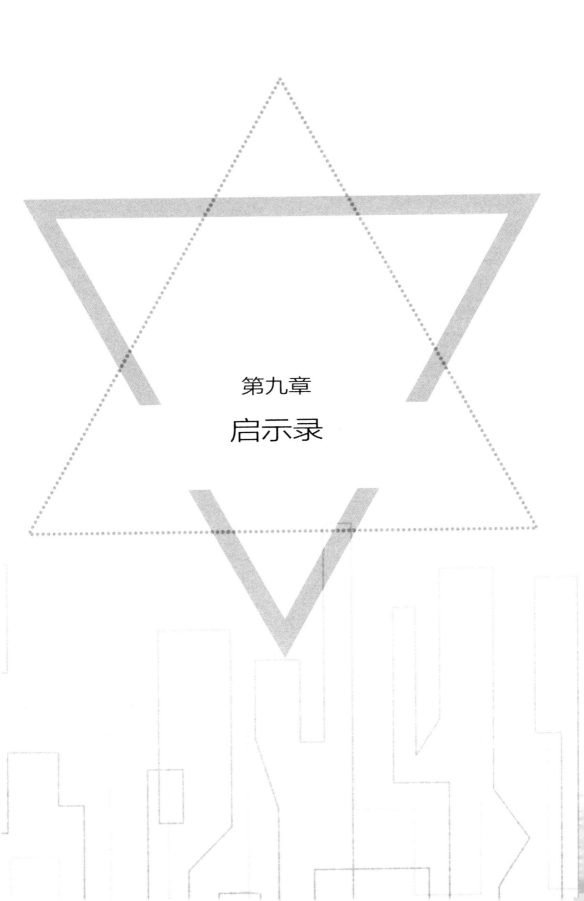

第九章

启示录

中国历史上失败的变革都是因操之太急，展开面过大，过于僵化而失败的。华为公司 20 年来，都是在不断改良中前进的。我们在变革中，要抓住主要矛盾和矛盾的主要方面，要把握好方向，谋定而后动，要急用先行、不求完美，深入细致地做工作，切忌贪天功为己有的盲动。华为公司的管理，只要实用，不要优中选优。天将降大任于斯人也，我们要头脑清醒，方向正确，踏踏实实，专心致志，努力实践，融入大洪流，必将在这个变革中，获得进步与收获。

——任正非

第一节　流程化的组织建设

华为展厅上展示的两句话仍是："产品发展的路标是客户需求导向。企业管理的目标是流程化组织建设。"这已经成为华为创新的核心价值观。至于为什么企业管理目标就是流程化的组织建设，任正非在欧洲地区部财经管理干部培训班上说道："今天大家进行管理能力的培训，和 IPD、ISC、CMM（软件成熟度模型）……以及任职资格和绩效考核体系一样，都是一些方法论，这些方法论是看似无生命实则有生命的东西。它的无生命体现在管理者会离开，会死亡，而管理体系会代代相传；有生命则在于随着我们一代一代奋斗者生命的终结，管理体系会一代一代越来越成熟，因为每一代管理者都在我们的体系上添砖加瓦。所以我们将来留给人类的瑰宝是什么，以前我们就讲过华为公司什么都不会剩下，就剩下管理。为什么？所有产品都会过时，被淘汰掉；管理者本人也会更新换代，而企业文化和管理体系则会代代相传。因此我们要重视企业在这个方面的建设，这样我们公司就会在奋斗中越来越强，越来越厉害。刚才有人提问不理解 IPD、ISC 有什么用，这是认识的问题。"

集成产品开发，是一套关于产品开发的先进思想、成熟模式和科学方法，其主要内容由"市场管理流程"和"产品开发流程"两部分组成。市场管理流程：企业运用严格、规范的方法对市场走势及客户的需求进行科学的细分，并对要投资和取得领先地位的市场进行选择和排序。从业务流程的角度出发，企业制定确保业务取得成功所需的执行活动，从而使可盈利、可执行的业务计划和新产品开发流程能够将各项举措成功地付诸实施。集成产品开发起源于 20 世纪 90 年代的西方管理界和企业界。

1998 年，IPD 传入中国，首先被华为在企业内成功实施；随后 IPD 又被中兴、海尔、联想、康佳、方太等国内知名企业相继引进并成功实施。

华为与 IBM 开展合作，引入国际流行的成熟而规范的产品开发模式 IPD 系统。IPD 的目标是建立基于市场和客户需求驱动的集成产品开发流程，将产品开发作为一项投资来更有效地管理，以此加快市场反应速度，缩短开发周期，减少报废项目，提高产品的稳定性、可生产性、可维护性。

经过多年的持续投入，华为已建立了完备的基于 IPD 的流程化组织，IPD 流程也在产品生产中成熟应用。华为研发体系普遍实施 IPD–CMM 管理，并于 2003 年 8 月正式通过 CMM 五级国际认证。这说明华为的软件开发过程管理和质量控制能力已达到业界最高水平。而 CMMI 是在 CMM 的基础上，增加了集成的产品和过程开发等流程，也适用于硬件的开发。

IBM 顾问为华为设计的 IPD 和 ISC 流程更是华为主流程国际化的标志，该流程是华为整体竞争力的源泉，也是华为走向全面国际化的体制保障。

任正非曾说："为什么我要认真推 IPD、ISC？就是摆脱企业对个人的依赖，使要做的事，从输入到输出，直接端到端，简洁并控制有效地连通，尽可能地减少层级，使成本最低，效率最高。就这么简单一句话，要把可以规范化的管理都变成扳铁路道岔，使岗位操作标准化、制度化。就像一条龙一样，不管如何舞动，其身躯内部所有关节的相互关系不会改变。龙头就如 Marketing（市场营销），它不断地追寻客户需求，身体就随龙头不断摆动，因为身体内部所有的相互关系都不变化，使得管理简单，成本低。我们要按流程来确定责任、权利以及角色设计，逐步淡化功能组织的权威，组织的运作更多的不是依赖于企业家个人的决策。"

第二节 企业的生命

对于任正非来说，1998 年是他个人管理风格转型的一个重要分水岭。在这一年，受世人瞩目的《华为公司基本法》刚刚出台，但在任正非看来，《华为公司基本法》是一次对华为过去成功经验的总结。事实上，任正非这时已经瞄上了著名的 IBM 的流程化管理经验，多次出国访问也促使他对于"建立华为职业化管理体系"的想法逐渐成形。在自觉或不自觉中，任正非将自己的角色从一个管理者向"领导者"过渡。

  企业的生命不是企业家的生命。西方已实现了企业家的更替，却不影响企业的发展。中国一旦没有企业家了，随着他的生命结束，企业的生命也结束了。就是说中国企业的生命就是企业家的生命，企业家死亡以后，这个企业就不再存在，因为他是企业之魂。一个企业的魂如果是企业家，这个企业就是最悲惨、最没有希望、最不可靠的企业。如果我是银行，绝不给他贷款。为什么呢？说不定明天他坐飞机回来就掉下来了，你怎么知道不会掉下来？因此我们一定要讲清楚企业的生命不是企业家的生命，为什么企业的生命不是企业家的生命？就是我们要建立一系列以客户为中心、以生存为底线的管理体系，而不是依赖于企业家个人的决策制度。

  这个管理体系在它进行规范运作的时候，企业之魂就不再是企业家，而变成了客户需求。客户是永远存在的，这个魂是永远存在的。我在 10 年前写过一篇文章，《华为的红旗到底能打多久》，就引用孔子的一首诗"子在川上曰，逝者如斯夫"。

　　我就讲管理就像长江一样，我们修好堤坝，让水在里面自由流，管它晚上流、白天流。晚上我睡觉，但水还自动流。水流到海里面，蒸发成空气，雪落在喜马拉雅山，又化成水，流到长江，长江又流到海，海又蒸发。这样循环搞多了以后，它就忘了一个在岸上还喊"逝者如斯夫"的人，一个"圣者"，它忘了这个"圣者"，只管自己流。这个"圣者"是谁？就是企业家。

　　…………

　　管理者会离开，会死亡，而管理体系会代代相传；它的有生命则在于随着我们一代一代奋斗者生命的终结，管理体系一代一代越来越成熟，因为每一代管理者都在给我们的体系添砖加瓦。每个企业都有自己的魂，企业的魂就是客户。当企业家在企业的地位淡化的时候，企业才是比较稳定的。

　　2000 年，任正非提出了管理的最高境界是"无为而治"的理念。在 2000 年 2 月 14 日，春节后上班第一天的第一件事，就是在办公会议正式召开之前，任正非以"无为而治"为题，对与会各位高层领导进行两小时托福式的作文考试。任正非认为，减少企业最高领导人的个人决策，放开高层决策权，无疑也是强化职业化管理的一个重要内容："淡化企业家和强化职业化管理，要求我们逐步地开放高层民主。华为实行的委员会民主决策、部门首长办公会议集体管理的原则，就是发挥高层集体智慧，开放高层民主的重要措施。我们以资深行政人员、资深专业人士，以及相关各行政职能部门首长组成的委员会，贯彻了选拔的从贤不从众的原则。在实行决策管理的过程中，又使用了充分的民主原则，从而使企业的管理避免和减少首长个人决策的失误机会。即使失误了，也因事先有过充分的研究，可以由众多人员去补救。委员会是务虚的，确定管理的目标、措施、评议和挑选干部，并在实行中进行监控，使企业的列车始终运行在既定的路线上。"

华为的一个高层在那次关于"无为而治"的托福式作文考试中这样写道："在我国有一个关于古代神医扁鹊的故事。说扁鹊有兄弟三人，大哥医术最高，当疾病尚表现在皮肤气色上时，他就已经观察出，并简单地给病人服几剂药就好了，但大家以为他只能治小病，故名声不出乡里；二哥医术差一级，要等疾病已进入到病人的肌骨了，才识别出并治好，但名声反而到了州郡；三弟扁鹊，医术最低，非要等到疾病已进入腑脏，病人已行将就木了，才知道去医，大动干戈，将之救活，结果反被尊为神医，举世闻名。

"联想到我们的企业管理者，那些整天快速响应，四处忙碌的，看似热闹，其实很可能是他的周边工作环境在思路上、方法上有问题，或是前任的工作积累了很多问题，基础太差。结果大量的时间、精力花费在'中断→保护现场→紧急处理→恢复环境'上，有时'中断处理'有好几层递归。这样员工相当部分的资源消耗在调度环节，工作绩效肯定要打折扣。而优秀经理人（及经理人团队）治理下的公司、部门，一切都有条不紊地在运作，员工甚至不大感觉到管理的存在，而团队绩效却很突出，因为管理的最高境界就是无为而治！"

正如任正非所说的："企业管理的目标是流程化组织建设。"当流程化建设做好之后，就自然可以像扁鹊的大哥一样"当疾病尚表现在皮肤气色上时，他就已经观察出"，将问题解决在萌芽状态。

如今，任正非仍然是华为的最高领导者，但是，更多的时候他是以一种精神的方式而存在，于是常常出现这样的情况，到华为拜访的人常常问接待的高层："任总在公司吗？"他们得到的回答往往是："任总不在，但公司一样运转得很好。"任正非表示："企业家在这个企业没有太大作用的时候，就是这个企业最有生命的时候。所以当企业家还具有很高威望，大家都很崇敬他的时候，就是企业最没有希望、最危险的时候。所以我认为华为的宏观商业模式，就是产品发展的路标是客户需求，企业管理的目标是流程化组织建设。同时，牢记客户永远是企业之魂。"

第三节　管理需要变革

从 Apple（苹果）到 Google（谷歌），这些新的玩家无不警示我们，在新一轮的产业融合浪潮中，运营商要成为新产业领导者，必须发挥固有优势，并重构业务的控制点和盈利点。

毋庸置疑，这是一个产业大融合的时代。

新融合时代相对于过去 20 年的变迁，最大的区别就是：变革的力量来自很多方面。未来的产业，必将是一个融合了通信、信息、娱乐、媒体，乃至金融、零售、物流等诸多行业的新产业，电信业只是其中的一分子。更关键的是，电信业不再是变革的主导力量，电信业的变革更多是被其他产业力量所驱动，电信业的未来必然要融入这个全新的产业中去。而作为电信设备供应商的华为，更要适应这一时代的需要。通用电气（GE）前总裁韦尔奇在谈到 GE 的价值观时，曾多次强调："正是对变革的热爱和渴望抓住变革的念头，才使通用电气像今天这样重要，有活力，与众不同。"

新陈代谢是自然的规律，华为的事业要不断发展，就必须进行变革。

变革需要按事物变化的规律来进行。公司面临业务交付和变革双重压力，如同对一辆负荷重又高速行进的大车做方向调整，只能是拐大弯：不变（不拐弯）是不行的，但突变（拐急弯）又会出事或者加剧痛苦，所以要用拐大弯的方式来牵引变革，并先从主要点着手。

2009 年 1 月，任正非在销售服务体系奋斗颁奖大会上谈道："我们并不否定 20 年来公司取得的成绩。20 年来公司是实行高度的中央集权，防止了权力分散而造成失控、形成灾难，避免了因发展初期产生的问题而拖垮公司。但世界上没有一成不变的真理。今天我们有条件来讨论分权制衡，协调发展。通过全球流程集成，把后方变成系统的支持力量。我们沿着流程授权、行权、监管，来实现权力的下放，以摆脱中央集权的效率低下、机构臃肿，实现客户需求驱动的流程化组织建设目标。我相信成功过的华为人，完全有可能实现这一次变革。"

据美国学者的调查，在 3 年内，美国 100 家最大的工业公司至少有三分之二进行了重大组织调整，并估计大公司每两年就得至少进行一次重大的调整。与工业企业相比，其他类型组织的变革频率虽然没有这样高，但是，组织变革却从来没有停止过。

从 20 世纪 80 年代早期，时任通用电气总裁韦尔奇发动的战略重组行动，到 20 世纪 90 年代中后期遍及整个公司的六西格玛行动，韦尔奇马不停蹄地重新修订着通用电气的一个又一个发展计划，目标只有一个——不断发展，而手段和方法则层出不穷。韦尔奇时常提醒他的员工：接受变革，不要惧怕！他主张以崭新的视角审视自己的工作，进行一切必要的、有力的变革。韦尔奇提出通用电气要通过贯彻它独特的价值观进行一系列变革，使它比小公司更加生机勃勃，富有柔性，更具适应力，更加灵活。

韦尔奇挥动变革大旗，引导通用电气实施了组织管理的变革，其作用是十分明显的，其意义也是十分深远的。美国一位管理学教授认为，韦尔奇的变革创造了可供 21 世纪的现代公司借鉴的新典范。

在中国，可以说，华为的变革创造了中国民营企业进入信息时代的可借鉴的新典范。

华为在 2000~2002 年达到 20 亿美元营业收入的时候遇到了第一次"华为的冬天"。根据观察，很多中国的民营企业都是在营业收入达到 200 亿元人民币左右就再也做不上去了。而华为却只经过了两年多时间的调整，很快就迈过了这道门槛，华为究竟靠的是什么呢？简单来说，就是管理变革。

华为从 1997 年开始与 Hay Group 合作进行人力资源管理变革。在 Hay 的帮助下，华为建立了职位体系、薪酬体系、任职资格体系、绩效管理体系及员工素质模型。在此基础上，华为形成了对员工的选、育、用、留原则和对干部的选拔、培养、任用、考核原则。自 1998 年开始，Hay 每年对华为人力资源管理制度的改进进行审计，找出存在的问题，交给华为解决。从 2005 年开始，华为又与 Hay 合作，进行领导力培养、开发和领导力素质模型的建立，为公司面向全球发展培养领导者。今天的华为，员工约 18 万名，员工国籍超过 160 种，海外员工本地化比例约为 70%，这是华为人力资源管理变革取得的喜人成绩，这样一支高水平的人才队伍支撑了华为遍及全球 170 多个国家和地区的业务，服务着全世界三分之一以上的人口。

华为创立之初，是采用手工记账，经过财务管理的多次转型和变革后，截至 2016 年 12 月，年平均约 120 万单的员工费用报销，华为员工在自助报销的同时，机器根据既定规则直接生成会计凭证；98 个国家和 746 个账户实现互联互通，支付指令可以在 2 分钟内传递至全球任一开户银行；华为的付款准确率水平高于银行 100 倍以上。这是华为的财务管理变革促进效率提升的一个明证。

2018 年 5 月，长江商学院终身教授薛云奎分析了华为 10 年的财报后评价道："华为的成功并非只是产品和经营上的成功。公司持续改善的供应链系统（存货与应收账款管理），以及不断提升的费用使用效率，使得公司的管理开始从优秀走向卓越，也可以说，这是我所分析过的案例中，在这类指标上表现最杰出的一家公司。"

　　如何在新时代构筑跨国公司管理体系，将成为中国企业未来 10 年、20 年需要共同探索的课题，在此过程中无疑华为起到了重要的先锋作用。在新时代背景下，华为对中国企业拥抱全球市场、加快管理国际化带来重大的启示，它的组织管理、人力资源管理、市场管理、变革管理、资本管理、危机管理等，无一不彰显出华为独特的管理智慧。

参考书目

1. 李信忠.华为的思维：解读任正非企业家精神和领导力 DNA [M].北京：东方出版社，2007.

2. 张贯京.华为四张脸：海外创始人解密国际化中的华为 [M].广州：广东经济出版社，2007.

3. 王永德.狼性管理在华为 [M].武汉：武汉大学出版社，2012.

4. 刘世英，彭征明.华为教父任正非 [M].北京：中信出版社，2008.

5. 张力升.军人总裁任正非 [M].北京：中央编译出版社，2008.

6. 王育琨.强者：企业家的梦想与痴醉 [M].北京：北京理工大学出版社，2006.

7. 程东升，刘丽丽.华为经营管理智慧 [M].北京：当代中国出版社，2005.

8. 汤圣平.走出华为：一本真正关注中国企业命运的书 [M].北京：中国社会科学出版社，2004.

9. 李尚隆.削减成本36招 [M].北京：机械工业出版社，2009.

10. 德鲁克.创新与企业家精神 [M].蔡文燕，译.北京：机械工业出版社，2007.

11. 元轶.柳传志谈管理 [M].深圳：海天出版社，2009.

12. 任伟.王石如是说 [M].北京：中国经济出版社，2009.

13. 玛格丽塔，斯通.什么是管理 [M].李钊平，译.北京：电子工业出版社，2003.

14. 胡泳.张瑞敏如是说：中国第一 CEO 的智慧 [M].杭州：浙江人民出版社，2003.

◖ 后记

在写作《华为之管理模式》的过程中，笔者查阅、参考了与华为和任正非有关的大量文献资料，并从中得到了不少启悟，也借鉴了许多非常有价值的观点及案例。但由于资料来源广泛，兼时间仓促，部分资料未能（正确）注明来源及联系版权拥有者并支付稿酬，希望相关版权拥有者见到本书后及时与我们联系（huawei_glms@126.com），我们将按国家有关规定向版权拥有者支付稿酬。在此，表示深深的歉意与感谢。

由于笔者水平有限，书中存在不足之处在所难免，诚请广大读者指正。同时，为了给读者奉上较好的作品，本书在写作过程中，搜集、查阅、检索与整理资料的工作量巨大，我们得到了许多人的热心支持与帮助，在此对他们的辛勤劳动与精益求精的敬业精神表示衷心感谢。